关键期关键帮助系列

宝宝人生的第一年

如何帮宝宝建立安全、信任、健康的依恋关系

[意] 妮席娅·拉尼亚多 ◎ 著　唐冲 ◎ 译

北京理工大学出版社
BEIJING INSTITUTE OF TECHNOLOGY PRESS

图书在版编目 (CIP) 数据

宝宝人生的第一年: 如何帮宝宝建立安全、信任、健康的依恋关系/(意) 妮席娅·拉尼亚多著; 唐冲译. —北京: 北京理工大学出版社, 2019.10

（关键期关键帮助系列）

ISBN 978-7-5682-7469-2

Ⅰ. ①宝… Ⅱ. ①妮… ②唐… Ⅲ. ①亲子关系–家庭教育 Ⅳ. ① G78

中国版本图书馆 CIP 数据核字 (2019) 第 178061 号

北京市版权局著作权合同登记号 图字 01-2019-4698

出版发行 / 北京理工大学出版社有限责任公司
社　　址 / 北京市海淀区中关村南大街 5 号
邮　　编 / 100081
电　　话 /（010）68914775（总编室）
（010）82562903（教材售后服务热线）
（010）68948351（其他图书服务热线）
网　　址 / http://www.bitpress.com.cn
经　　销 / 全国各地新华书店
印　　刷 / 三河市华骏印务包装有限公司
开　　本 / 880 毫米 ×1230 毫米 1/32
印　　张 / 5.25
字　　数 / 105 千字
版　　次 / 2019 年 10 月第 1 版 2019 年 10 月第 1 次印刷
定　　价 / 39.80 元

责任编辑 / 申玉琴
文案编辑 / 申玉琴
责任校对 / 周瑞红
责任印制 / 施胜娟

图书出现印装质量问题，请拨打售后服务热线，本社负责调换

关于本书

“每天要跟他说一百次你爱他……”

尽管本书很为人称道，但它也不是万能的育儿手册。

与育儿手册相比，本书有着不同的目标。最新的科学研究表明：情感帮助孩子学习和开发自身的所有潜力。若此研究结果是真实的，那么本书就志在用幸福的回忆来丰富我们孩子的人生。

因此，正如一句古老的中国谚语所建议的那样，我们要在日常生活中找到“每天跟他说一百次你爱他”的机会。

孩子并非总能明白：我们会一直很爱他，即使当我们很担心或心情不好的时候。此时孩子会觉得很不安，很不自在，很混乱，然而，只需几句话或一个小小的手势就足以告诉他：我们没有站在他的对立面，我们一直在支持他。

本书中介绍的这些方法，是每个人都能看得懂的。它们虽源自传统，但已得到严谨的科学研究证实：爱抚、不停地摇晃、香气、按摩、音乐、摇篮曲、童谣和不计其数的个人小习惯，可以用来让孩子的日常生活充满幸福。

这些记忆将变成珍贵的安全技能伴随孩子一生，也会成为孩子度过艰难时期的前进动力。

目　录

第一章

孩子人生的第一份羁绊

阿库娅的孩子

非洲阿散蒂人有这样一个传说：年轻绝望的女人阿库娅，因为不能生孩子，向村里的巫师求助，希望能找到一个治疗方法。“你雕一个孩子吧，要什么样的，就雕什么样的。要给他喂饭，照顾他，一直背着他，这样你的愿望就会实现了。”

按照巫师的建议，阿库娅雕了她梦想的孩子：高高的额头，圆圆的头，长长的贵族样的鼻子和小小的形状十分好看的嘴巴。

她把他放在襁褓里，把他背在背上，整天带着他。她幻想着和他说话，用美味的食物喂他。9个月后，她梦想成真：想要的孩子诞生了。

即使到了现在，当年轻的阿散蒂女人想要孩子时，还会雕一个木头娃娃，并把它叫作“阿库娅的孩子”，她们会照顾它，并整天带着它……

这个传说以极具想象力的方式阐释了所有母亲都明白的真理：婴儿并不只是卵子和精子结合的结果，还是梦想实现的结果，以及无尽关怀、激励和教导的结果。

本书预设的目标就是要陪妈妈和爸爸进行这次历险：从梦想的实现（孩子出生）到孩子年满一岁。

那为什么只停留在孩子人生的头12个月呢？在这12个月里，尽管有无穷无尽的语言资源，但实际上是无法与小家伙进行对话的，那又是什么原因导致大家认为这段时间如此重要呢？

问题的答案既简单又复杂。

解读孩子出生后的12个月

就是在这12个月中，我们的孩子必须找到9个存在主义问题的答案。在《婴幼儿创意课程》的作者们看来，这些问题将对孩子的智力和情感发展产生深远的影响。

1. 我身边的人会回应我的要求吗？
2. 当我有需求的时候，我可以依靠他们吗？
3. 我对他们有多重要？
4. 我能干吗？能胜任吗？
5. 我该怎么做？
6. 我身边的人很喜欢和我在一起吗？

7. 我应该害怕什么?

8. 我敢真诚地表达自己的感受吗?

9. 我对什么感兴趣?

也许，将孩子的要求划为存在主义性质的问题似乎有些过分。

然而，正是基于这些问题的答案，孩子塑造了自己极具个人特征的世界观，这样的世界观将伴他一生，并会影响其行为与决定。

如果逐一考虑这些没有表述出来的问题，我们会意识到：受我们源于文化背景的态度，以及我们家庭习惯的影响，我们常常会完全无意识地放弃找寻这些问题的答案。

有关新生儿发育的所有研究表明，那些照顾他们生活所需并对其行为做出回应的人的感知能力是极其重要的。

那“感知能力”指的是什么呢?

要回答这个问题，我们先构想两个小故事：它们的主人公是两个 4 个月大的孩子——马可和乔治，负责照顾他们的人是安吉拉和弗朗西斯卡。

随着故事的发展，我们要试着把自己当作那两个孩子，并用他们的眼睛来看世界，要尽力去了解他们的感受。

马可和安吉拉

安吉拉走进马可的房间，把他抱了起来，并亲了他一下，然后把他带到客厅放在地毯上。“好了，不要哭！但愿这次你会学着乖一点儿！”安吉拉在地毯上放好拨浪鼓、塞子和彩球，就去收拾洗衣机里的内衣了。

马可看着玩具，晃着腿，挥着胳膊，好像想要靠近一点儿，却无法够着它们。他嘟嘟囔囔地喊着，抬起头，再次望向它们，试图抓住它们，但却始终够不到。在尝试了几分钟后，他烦躁了起来，一不小心失去平衡，一头栽在了拨浪鼓上，突然大哭起来。

安吉拉马上赶了过来。“你闯祸了，是吗？别哭了。我明白了，我得带着你。”她把他抱了起来，并把拨浪鼓放在了他的手里。

不能说安吉拉在虐待孩子。然而，很可能安吉拉从未有意识地考虑过这样的问题，即如何重新激励马可及如何增强他的自信感。

如果回顾假定由孩子提出的那 9 个存在主义问题，我们就会意识到，对于所有问题，安吉拉都会用她的行为给出一个否定答案。

1. 我身边的人会回应我的要求吗？

安吉拉与孩子之间不存在情感联系，因此，她心不在焉地把玩具放在了孩子够不到的地方，而后来为了让他保持安静，安吉拉给他手里塞了一个拨浪鼓。

2. 当我有需求的时候，我可以依靠他们吗?

安吉拉没有辨别孩子的需求，认为只要“你乖一点儿”就行。

3. 我对他们有多重要？

在面对马可时，安吉拉不会表示任何赞赏，也不会在把他从一个地方“运”到另一个地方时表现出特别的情感。

4. 我能干吗？能胜任吗?

“不要哭”和“你闯祸了，是吗？”虽然都是用温和的口吻说出来的，但都是负面评论。

5. 我该怎么做?

“但愿这次你会学着乖一点儿！”这句话对于安吉拉来说意思是“不要哭”，但孩子不明白这句话的意思，所以不知道该怎么做。

6. 我身边的人喜欢和我在一起吗?

安吉拉并不是特别愿意与孩子待在一起。

7. 我应该害怕什么?

当安吉拉回来时，她并没有使马可安心，所以马可将继续有一种探索失败的挫败感。

8. 我敢真诚地表达自己的感受吗?

马可的哭声被认为是“夸张的”，所以他没有得到任何安慰。

这样，鉴于孩子没有取得任何成绩，所以他的情感表达就没有得到鼓励。

9. 我对什么感兴趣？

马可没有办法把注意力集中在某件具体的事情上。安吉拉没有描述球的颜色，也没有告诉他如何玩拨浪鼓，更没有试着让他听一听拨浪鼓的声音。

安吉拉似乎是随意选择玩具的，她并没有就此专门与马可进行交流，也没有与他分享对玩具的兴趣。

弗朗西斯卡和乔治

弗朗西斯卡走进乔治的房间，把他抱了起来，搔了搔他的小肚子，高兴地问他："我的小宝贝在做什么好玩儿的事情呀？"

弗朗西斯卡在乔治的眼前摇了摇彩色的拨浪鼓，描述了拨浪鼓的颜色，并告诉他如何用手抓住它。然后，她把乔治放在起居室的地毯上，并将拨浪鼓放在他的小肚子上，但拨浪鼓滑了下来。乔治尽力把它拿回来，他在地毯上翻滚了起来，脸撞在了拨浪鼓上，接着就开始号啕大哭起来。

弗朗西斯卡把他抱了起来，让他紧紧地贴着自己并对他说："噢，噢！是不是吓着了？过来吧，现在我们不玩拨浪鼓了。"

弗朗西斯卡哄了哄乔治。当乔治平静下来时，弗朗西斯卡将他不停地抛到空中，直至乔治笑起来为止。然后，她把乔治放回地毯上，向他展示如何把拨浪鼓握在手里并使其发声。在弗朗西斯卡做自己事情的时候，她时不时地回到客厅，看看乔治，并和他说说话，还对着他微笑。

弗朗西斯卡热情地接纳了这个孩子，给他挠痒痒，回到客厅时与他交谈，向他展示拨浪鼓的颜色，教他握紧拨浪鼓。当孩子哭泣时，弗朗西斯卡安慰他，接受他的哭泣与恐惧，并把他抱在怀里安抚他。她尽力激励乔治相信自己、相信世界。

如果回顾假定由孩子提出的那9个存在主义问题，我们就会意识到，对于所有问题，弗朗西斯卡都会用她的行为给出一个肯定答案。

1. 我身边的人会回应我的要求吗？

弗朗西斯卡教孩子玩拨浪鼓而不让他感到不舒服。当孩子哭泣时，她理解孩子，亲近孩子。

2. 当我有需求的时候，我可以依靠他们吗?

当乔治感到不舒服时，弗朗西斯卡急忙安慰他。当她在做自己的事情时，她时不时地与乔治交谈并对他微笑。

3. 我对他们有多重要？

弗朗西斯卡时不时回到孩子身边，即使他很安静；她注视着他，和他说话，对他微笑，这都证实了她对他的爱。

4. 我能干吗？能胜任吗?

当乔治感到不舒服时，弗朗西斯卡没有对他做出任何批评，但向他展示了如何握住拨浪鼓。

5. 我该怎么做?

乔治觉得自己可以自由地探索身边的世界，因为他知道自己遇到困难时会得到帮助。

6. 我身边的人喜欢和我在一起吗？

弗朗西斯卡热情地跟孩子打招呼，并称赞他道：“我的小宝贝在做什么好玩儿的事情呀？”

7. 我应该害怕什么？

弗朗西斯卡抱住孩子并与他共舞，让他从恐惧中恢复过来。在得到安慰后，乔治能安心地重新去拿拨浪鼓。

8. 我敢真诚地表达自己的感受吗？

弗朗西斯卡紧紧抱住孩子，并对他体会到的这种感觉进行了命名：“噢，噢！是不是吓着了？”弗朗西斯卡让他哭泣，并对他进行安慰。

9. 我对什么感兴趣？

弗朗西斯卡跟孩子描述拨浪鼓，从而充当了孩子了解外部世界的中介人，这样哪怕是最平凡的话语和行为都有了意义。

那中介人要做什么呢？他不是要让孩子随机与现实的碎片交锋，而是要充当中间人：精选、安排并施以一系列有序的激励。要根据情况，强调一些激励，忽略其他激励。正是由于这种干预，孩子才有了学习的意愿和独立学习的能力。

因此，人们常说，跟孩子建立良好的关系比跟孩子一起度过很多时间更为重要。

依附：孩子人生的初恋

上一节所提到的 9 个存在主义问题构成了心理学家所说的“依恋类型”的基础。

我们有没有观察过孩子如何开始迈出第一步？起初他紧紧抓住某个东西，费力地站起来。他两条腿颤颤巍巍地，设法保持了片刻的平衡，然后就一下子瘫坐在地板上。顽强的他，再尝试了一次，然后又试了一次。为了能反复进行无尽的尝试直至成功，他需要一个固定的点，即某个坚实的、可以抓住的（依附的）东西。

这样的对比可能看起来有些粗糙，但孩子学习走路的方式有效地印证了英国精神分析家约翰·鲍比（John Bowlby，1907—1990）首次提出的依附理论。

正如孩子学习走路时需要某个可以抓住的东西，同样地孩子探索外部世界时也需要一个支撑物，即需要“依附”（不仅在身体上，而且在心理上）某个能给予其坚实支持的人。

就是这个人将为孩子提供依附的安全基础，即一种深刻的情感关系。由此孩子了解到，为了自身的幸福，他可以毫无畏惧地依赖他身边的人。

这就是我们十分坚持要在孩子一岁时与其建立亲密的情感关系的原因。这不仅仅是让孩子有机会体验声音、文字、颜色和味道，还必须有承载这些情感体验的人，将它们转化为给孩子的独家信息，在内心审视过它们之后，将其深深地印在孩子的脑海里。

如果我们重温我们的童年岁月，或许那些最富情感的时刻就是我们能回想起来的重要时刻：圣诞节的灯光，那一天爷爷抓起我们的小手把它放在自己的衣兜里取暖，那一天晚上爸爸亲吻我们，粗糙的胡须摩擦着我们的脸颊……

我们能传递给孩子的快乐、爱、热情、钦佩和鼓励等情感越强烈，他对我们的依附就越强烈，这些体验留在他脑海中的正面记忆也将越深刻。

然后，就会形成鲍比所说的“安全基础，即出发和必要时返回的地方”，由此孩子才能够冒险探索外部世界。

与许多人所想的不一样，孩子的依附不会受严厉程度的影响，也不会受礼物轰炸攻势的左右。

“这些因素只起次要作用……”鲍比写道，“重要的是与孩子之间情感的亲密程度。”

最初的记忆

通常，我们倾向于认为幼儿是不具备理解能力的。然而，最近的科学研究表明，从受孕的最初几个月开始，就可以成功地捕捉到胎儿的情绪和感受。

根据大量基于超声波的研究，胎儿甚至在睁开眼睛看世界之前就开始有了记忆。在妊娠的第 4 周，胎儿就可以记住最多长达 24 小时的刺激。

并且，婴儿出生后，在 16 个月大时就能记住 4 个月前学会的东西。因此，我们要注意："他很多都不懂"，这样的说法是不正确的。一定要记住！

此外，幼儿还能理解非口头的语言：我们的语调、表情和手势。

实际上，通常幼儿对这种语言比大多数成年人敏感得多。

跟随自己的内心回应孩子

在通常情况下，人们不会相信自己的直觉，而更愿意听从母亲、朋友和阿姨的建议，因为她们在如何抚养孩子方面给出的建议绝对可靠。

事实上，每个孩子都有自己的世界，他会根据自身的特点和性情对外界的各种刺激做出反应：三年前对孩子起作用的办法，现在没有用了。孩子不是原来的孩子，情况也发生了变化，照顾孩子的成年人各自的敏感程度也不一样，因此他们的生活方式也各有差异，最终导致他们跟孩子建立的关系是独一无二的、不可复制的。因此，就抚养孩子来说，没有绝对的规则，只有一个基本原则：根据孩子不同的需求来回应孩子。

要做到这一点，学会倾听我们自己的感受和情感是非常重要的。

心理学家乔瓦尼·马卡赞（Giovanni Marcazzan）解释道："新妈妈对自己越宽容、越有耐心，就越能与自己的孩子这样相处。"

这就是从孩子人生之初自发识别并回应孩子需求的条件。

担心"宠坏他"

关于孩子是否会被宠坏这个问题，只有两件事情需要考虑：

1. 孩子越小，越需要关注和关爱。

2. 孩子一岁时，没有宠坏他的风险。一岁后，要开始设定一些限制，如果先前已经得到了足够多的疼爱，孩子将更容易接受这些限制，因为他会始终确信自己拥有了父母全部的爱。

就像吃饭和睡觉一样，实际上疼爱也是孩子的基本需求之一，是其情感滋养剂。如果一开始就得到充分的疼爱，孩子就会在自己内心积累储备，能够完全自主地成长。

"禁令"陷阱

如果有良好的正面信息储备，孩子将能毫不费力地消化其无法避免的疏远时刻。

但是，如果孩子日常生活的大部分时间都被隐晦的评论、失望、扫兴、厌恶、恼怒或不信任所打断，那么孩子将倾向于将那些疏远时刻变成专门从事家庭治疗的美国心理学家夫妇罗伯特和玛丽·古尔丁（Robert and Mary Goulding）所称的"禁令"。

禁令是什么？就是那些我们成年人无意识带来的深刻信念，就是那些阻止我们充分实现自我的深刻信念，例如：感到不能胜任、内疚、不安全、无人保护、无法控制、不受人喜爱、难以忍受……禁令可以是千差万别的，学者们提供了各种各样的清单，这些清单中都涉及了一个共同问题：如上面刚描写的安吉拉与马可的案例，那些负面信息很可能是我们自己在童年时期吸收的，如果我们没有意识到它们，就会倾向于把它们传递给我们的孩子。

以下是一些最常见的禁令：

- 不要刷存在感：“你要乖乖的，不要打扰……”
- 不要有情绪：“不要嫉妒、生气、失望……”
- 不要思考：“够了，按我跟你说的做”。
- 不要太亲密：“不要这样粘着我。”
- 不要做自己：“你真不害臊，你太顽皮了……”
- 不要当小孩：“现在你长大了……”
- 不要长大：“你太小了，还不能做这些事情……”
- 不要成功：“你永远都做不成”。

好孩子不哭，不大喊大叫，不生气，不妒忌，不打扰他人，不弄脏东西，不提要求，不做作，不折磨他人……相反，正如鲍比所说，“新生儿强烈的情感表明他们想要与父母及世界沟通”。

父母与孩子之间沟通的诀窍

为了促进孩子与父母及世界的沟通，从孩子出生后的最初几个月开始，就有必要让他参与我们的生活。

法国精神分析家弗朗瑟斯·朵儿多（Franoise Dolto，1908—1988）解释说：“有些孩子会记住所有他们最初听说的事情，他们就像磁带一样……从他们出生开始就可以跟他们说话，他们也需要别人这样做。我们就要这样把他们带入我们这个特殊的世界，要把他们当作未来的男人或未来的女人，而不是当作一件小东西、小宝宝、泰迪熊……使用正确的语调跟孩子说话，例如，孩子的痛苦，正是因为将它表达了出来，所以才把它转变为人类的情感。”

讲述正在发生的事情

因此，从孩子出生开始，我们就要和孩子说话，这将帮助我们向自己澄清我们的感受，最重要的是，帮助我们明确孩子的感受。

我们要一直描述我们将要做的每件事情，同时，我们要尽力把我们认为孩子可能体会到的感受用言语表达出来。

“甚至都没有告诉你，就把你一个人留在摇篮里，让你觉得讨厌了，对吧？”

“现在我把你放在婴儿座椅上，然后再把你放在餐桌旁，这样你就可以陪着我们了。”

“我们好好洗个澡怎么样呀？然后我们给你打上爽身粉，穿上小睡衣。”

就是这些小信息帮助孩子在自己生活的环境中找到自己的定位。

它们帮助孩子控制自己身边发生的事情，这就给了他一种宝贵的参与感，使他能干预发生在自己身上的事情。

美国研究人员海登（C. Haden）、海恩（R. Haine）、菲弗什（R.

Fivush）和雷斯（E. Reese）多年来一直在研究儿童与成人早期交流的心理影响。

根据他们的研究结果，父母“告诉”孩子正要发生在他们身上的事情，或者已经发生了的事情，大大有助于增强孩子的安全感。

预先通知

“现在我要把衣服收起来，然后我们就去小花园。”

“再唱一首短歌，然后就不要唱了。”

“我们再玩儿五分钟，然后我们不能再玩儿了，因为我得去打个电话。”

就是这些小小的预先通知和简短的计划安排可以让孩子安心，也可以避免让孩子觉得自己就像一个“包裹”，被人从一个地方运到另一个地方。

为孩子度身营造环境

美国儿科专家托马斯·贝里·布雷泽尔顿（T. Berry Brazelton）指出：“一旦我们的小家伙开始爬行，就会因为可以探索外部世界而欢欣鼓舞。如果我们强制他停下来‘不要爬’，他就会突然大哭起来。虽然这项禁令是合理的，但在我们内心深处不能不感到某种内疚感。我们扪心自问：‘为什么我要这么严厉地跟他说话？’他只是一个孩子，还太小而无法意识到危险，也不知道什么是好的，什么是坏的。”

“不要碰！”“不要喊叫！”“不要弄脏！”“不要哭！”“不要……不要……不要！”

我们怎样才能避免用那些满是恼火烦躁的“不要……”进行沟通呢？

解决方法非常简单：只要将那些“禁止”（那些经常谈及的“禁令”）变为积极鼓励的提议就可以了。

自出生以来，乔纳森一直是个喜欢吃喝的家伙。每当我在炉灶上准备吃的东西时，他都会在我身边待着，并从碗橱中拿出一个煎锅模仿我的动作，然后有模有样地品尝美味却不存在的烧肉块。这让我很高兴，因为他很欣赏我为他准备的午餐。但我总是担心他会因为煎锅太重或者打翻玻璃杯而受伤。

于是，我决定对厨房进行重新布局。在碗橱最下层的架子上，我只放了乔纳森可以熟练使用的物品，而把所有重的或易碎的物品都放在他够不到的地方。

我的方法起作用了。当我在炉灶前忙忙碌碌时，他也可以在厨房“当厨师”，此时的我可以很平静，不会时时刻刻想说：“不要碰！”“放下那个玻璃杯”“当心”“我跟你说过多少次不要……”

（特蕾莎，乔纳森的妈妈）

第二章

给孩子心跳伴奏的音乐

孩子在妈妈的肚子里生长的这 9 个月会发生什么呢?

毫无疑问，即将出生的小宝宝与妈妈的身体及情感世界之间建立了深入的交流。就此，阿根廷儿科专家豪尔赫·塞萨尔·马丁内斯（Jorge Cesar Martinez）在其作品《宝宝的语言，我们会听吗？》中进行了清楚的讲述，他表示上述作品是其漫长职业生涯中最令人震惊和杰出的一部。

弄错新生儿

一天，当妇产科特别忙碌时，护士们弄错了两个新生儿的名字，她们将这两名新生儿交给了错误的母亲。24 小时后，当护士们意识到这个错误时，她们赶到两位母亲那里，想把孩子调换过来。但两位母亲都不相信出示的证据，拒绝调换孩子，因为在过去的24小时里两位母亲已经与抱过来的孩子建立了情感联系，她们谁都不想承认自己哄过、抱过、喂过和爱过的孩子不是自己的。两位母亲甚至拒绝谈论这件事情，而两位父亲则要求给出能够证明真相的科学依据。

当然，我们进行了基因检测，但在结果出来前需要等待，错误的妈妈与孩子一起每多待一小时，之后的分离就变得更加困难。此外，在内心深处我对自己说，对于妈妈们来说，科学依据是不够的，她们还是会怀疑的，因此需要一个不同的确认，科学或法律所不能带来的确认。

让两位妈妈毫无保留地接受她们爱了24小时的孩子是另一个妈妈的，唯一的方法就是让她们自己去找解决方法，让她们用心交流，用本能交流，或者用其他什么只来自她们自身的东西交流。

经过长时间毫无结果的交涉，我决定让护士与两位妈妈及她们的孩子一起在同一个房间里过夜。第二天早上，当我去看望她们时，两位妈妈轻松地微笑着迎接我：她们相互温柔地看了对方的孩子一眼。

“您说得对，医生，”她们对我说，“现在我们确信我们的孩子弄错了。”“昨天的夜晚很漫长，我们无法入睡，因为本来应该是一个兴高采烈的时刻，而我们却有了这样悲惨的命运，为此我们感到很绝望，”其中一位母亲解释道，“我们开始聊天了，就在那时，我非常吃惊地看到抱在她怀里的那个孩子慢慢地把头转向了我，并且盯着我看。我们都怔住了，默不作声。我们两个都明白了：小家伙听出了我的声音，那他就只能是我的儿子了。我们很快就找到了相似的家族特征，我有一种想把我的孩子立即抱在怀里的强烈冲动。”

虽然科学分析确认了新生儿的身份，但却是孩子对母亲声音的反应最终使父母信服。

父母的声音

加利福尼亚州欧文市音乐智能神经发育（MIND）研究所进行的研究表明，胎儿以一种非常特殊的方式感知母体的声音，即不同于其他任何声音，母体的声音并不是在体外感知的，而是在体内感知的，胎儿能听到声音的最高谐波分量，但无法感知到最低的音符。

显然，他还不能识别单个的词，但他能够感知专家们称之为韵律特征的那些东西，即声音的音高、强度、音色和时长，这些就是使口头表达的句子有意义的元素。

因此，新生儿所处的情形与我们听操着未知语言的人说话时一样，从声音的音调、节奏和音量，他就能明白说话人是需要安慰，还是想提问，或是在生气。传递话语意义的是语言的音乐性，而并不是单词本身。

但还有更多需要了解的内容。为了孩子协调发展，既需要母亲刺耳的高音，也需要父亲浑厚的中音。心理学是研究人、声音、节奏和词汇之间关系的科学，其创始人法国人玛丽·路易斯·奥西尔

（1908—1994）曾表示，母亲的声音刺激的是胎儿身体的上半部分，会改善他的感觉—运动协调能力，而父亲的声音刺激的是下半部分，会使他早早成为一个不知疲倦的健行者。此外，如果父亲和母亲经常对胎儿说话和唱歌，那么他们信息中所承载的情感将唤醒胎儿对人生的信任感，并构建母亲—孩子—父亲三人一组的最初纽带。

第一支歌

对于婴儿来说，父母的声音具有特定的音调、音色、强度和节奏。如果习惯听父母唱的歌，那么学习说母语，甚至外语，就变得不那么困难了。事实上，唱歌时声音的跨度比说话时还要广，覆盖了从最低音到最高音的整个语音范围。并且，唱歌时声音的特点还不仅仅是这样。

与说话相反，人唱歌时会倾向于拉长和突出元音，这样歌词有了情感，并会以完全相同的方式、同样的音调和同样的节奏重复数十次。这就能解释为什么摇篮曲的歌词能被很快学会，而且几乎不会被遗忘了。

摇篮曲不应只成为妈妈的专利，对于父亲来说，也是一个与孩子建立深厚联系的绝佳机会。父亲声音的深度震动具有特殊的催眠能力，能使孩子平静下来，并让他安心。这不是一件小事，因为这能给妈妈带来休息的时间。

摇篮曲的力量

睡吧，睡吧，在你的摇篮。
睡吧，睡吧，在你的摇篮。
睡吧，睡吧，我亲爱的宝贝，
看看空中的月亮，
看看妈妈和自己。

“婴儿能区分声音的大小。听到强劲的声音时，即使在产房里，孩子也会颤抖或哆嗦，而听到轻微的声音，如柔和的歌声，孩子会短暂微笑。”普林斯顿幼儿和早期儿童中心的弗兰克·卡普兰写道。他还写过几本关于幼儿期的书籍。

在乌干达，甚至在怀孕之前，摇篮曲的歌词就由母亲挑选好了，这也是父亲必须学会的欲望之歌和梦想之歌，父亲和母亲在做爱时就唱这支歌。

分娩时，助产士就唱着这支歌迎接新生儿的到来，就是那首他在母亲的肚子里等待的那几个月里已经听了数百次的曲子，此刻当他睁开眼睛看世界时，欢迎他的也是这首曲子。

然后，在接下来的几个月里，或是妈妈用声音的阵阵暖流，或是爸爸用声音的深度共鸣施展摇篮曲魔法，小宝宝就会伴着这样的摇篮曲进入甜蜜的梦乡。

丁，丁零零，丁，爸爸回来了，

丁，丁零零，丁，给我们带了什么好东西？

他带来了糖果和手绢，

还有给宝宝的晚安。

对于那些体验过的人来说，父亲低沉声音的震动甚至比母亲的高音更加具有催眠效果。这也是对几百年来因为劳动而精疲力竭的数代女性进行补偿的一种方式，因为此前在劳动之后她们还得哄孩子睡觉。特伦蒂诺的女性就通过下面这首“女权主义”色彩的摇篮曲进行了抱怨：

睡吧，宝贝，

睡吧，漂亮的小宝贝。

睡吧，睡吧，

就在妈妈的怀里。

妈妈在这里，

爸爸就要回来了。

睡吧，睡吧，

就在妈妈的怀里。

如果爸爸没回来，

妈妈会哭泣，

但宝贝不会看到，

因为宝贝要睡觉。

在《宝宝的语言》一书中，玛丽·克莱尔·布斯内尔讲述了两个故事，这两个故事告诉我们在宝宝出生之前就给他唱歌是多么重要。

“啊，原来是你呀！”

一天，一位妈妈把我拦了下来，她要告诉我一个发生在几天前的故事。

之前，她无法让刚一个星期大的宝宝停止哭泣，绝望之下，她开始唱一首她非常喜欢的歌，并且在怀孕期间她也经常唱那首歌。

突然，孩子停止了哭泣，并且看着她，好像在说：“啊，原来是你呀！”孩子认出她是他的母亲了！

令我印象最深刻的是，几天后，另一位妈妈来到我的办公室告诉了我一个相同的故事，最后她的评述是：“突然，我的宝宝停止了哭泣，他看着我好像在说：‘啊，原来是你呀！’”两位妈妈都用了同样的、完全一致的话语！

人们普遍认为新生儿不会懂得我们跟他说了什么。但是，摇篮曲中所含的形象与声音暗示会让我们纠结，我们这样的心情孩子不可能不感知到。

睡吧，亲爱的小宝贝，
睡吧，我的大可爱。
睡吧，
我的……（孩子的名字）
我们明天早上见。
明天早上阳光灿烂，
但现在是晚上，
亲爱的宝贝。
现在天空中有月亮，
睡吧，我心中的郁金香，
明天早上
蝴蝶会把你叫醒，
但现在
蝉不想让你入睡。
睡吧，亲爱的小宝贝，
睡吧，我的大可爱。
睡吧，
我的……（孩子的名字）
我们明天早上见。
如果明天风儿吹来，
那么天地万物都会动，
但夜晚会在妈妈的臂弯里

安静下来。

如果明天天色昏暗，

那么太阳很快就会回来，

躺在爸爸的臂弯里的你

会很安全。

睡吧，亲爱的小宝贝，

睡吧，我的大可爱。

睡吧，

我的……（孩子的名字）

我们明天早上见。

“我们来施个魔法……”

摇篮曲那让人无法抗拒的魅力有着什么样的奥秘呢？

德国音乐学家约翰内斯·科奈特根（Johannes Kneutgen，1940—1995）多年来一直与诺贝尔奖获得者康拉德·洛伦兹（Konrad Lorenz，1903—1989）合作。康拉德是行为学这一学科的创造者，顾名思义，行为学就是研究动物行为的科学。科奈特根注意到小孩入睡前的哭声与小动物的相似：他们哭泣的节奏相同，因为他们都因无法再感知父母存在而恐惧。

“就好像父母已经把他们忘记了，父母继续前行，而把他们独自留下。”科奈特根解释道，“我们成年人倾向于将这种恐惧最小化，但对于孩子来说，那完全是实打实的恐惧。”

这种感觉会让那些最累的孩子也不再睡觉，他们很困，但他们害怕闭上眼睛：因为他们害怕孤身一人。然而，摇篮曲的演唱让他们安心，他们闭上了眼睛，但仍然有一种熟悉的声音陪伴着他们，直至摇篮曲的音符融入他们梦中的和声。

如果我们想施展这个魔法，就要养成为我们的孩子唱摇篮曲的习惯。我们有没有想过这件事呢？“incantesimo（魔法）”这个词就包含了“canto（歌唱）”这个词。摇篮曲是由一个简单的且通过极少变化而不断重复的主旋律构成的，这些变化虽小但足以避免单调，并且不会影响原有旋律的辨识度。

放松的节奏

摇篮曲产生的效果不仅仅反映在心理上，它还能在短时间内使呼吸同步。听摇篮曲的人很快就会按照音乐的节奏呼吸，肌肉会跟着放松，幸福感也会散播开来。

制作孕妇放松音乐的佛朗哥·布雷拉（Franco Brera）指出：“文艺复兴时期，音乐的节拍被称为‘脉搏’，就是因为它是基于心脏的跳动次数来规定的。按照这个节奏来规定摇篮曲的节拍，使其与心脏跳动的次数保持一致：每分钟 60 次。”

这就是向孩子表明保护和安全的刺激因素。科奈特根解释说：“我们让多组成人群体听摇篮曲，所有组别做出的反应都是：心跳次数减少和呼吸节奏变慢。音乐带给他们愉悦的感受：他们想象着大海的波涛，树叶的沙沙作响，这些都是内心平静的象征。”

睡吧，睡吧，亲爱的宝贝，
一只小鸟从山上飞来，
一颗星星从大海飘来，
就在你的头上，一闪一闪地，
好像要告诉你，
它从其他星星那里学到的美好事物。

为什么摇篮曲能起作用

科奈特根在研究了从热带雨林到北极圈世界各地的摇篮曲之后，指出各地的摇篮曲都有一些共同的特征。

除了要以休息时心跳同样的节奏来唱，摇篮曲还是有规律的：它们永远不会有节奏的跳跃，因此就不会让人兴奋。

演唱时，要慢速，但形式不能千篇一律。摇篮曲节奏上的暂停与吊床摆动类似：当吊床到达最高点时，它会停止片刻，然后再次下降。

要让摇篮曲有效果，唱的人并不需要有好的音准：孩子还没有能力判断演唱是否在调上。

以固定的调子重复相同的歌词，就是为了突出摇篮曲的催眠效果。

要轻声演唱摇篮曲：世界上所有民族都是以勉强能感知到的方式演唱摇篮曲的。“让人安心的效果会蔓延全身，直到脚尖”，科奈特根解释道，“摇篮曲应轻声演唱，音量要保持在所谓的‘感知门槛’边缘。”

睡吧，宝贝，睡吧，
妈妈就在这里陪着你。
睡吧，宝贝，闭上眼睛，
玩具们也正在睡觉。
睡吧，宝贝，在你的床上，
有个小天使保护你。
睡吧，宝贝，好好睡觉，
爷爷也会保护你。
睡吧，宝贝，
妈妈和爸爸在这里陪你。

星星，小星星，
夜晚即将来临，
烛火摇曳，
母牛在牛棚，
母牛和小牛，
母羊和小羊，

母鸡和小鸡，
每个动物妈妈都有自己的孩子，
每个动物宝宝都有自己的妈妈，
大家都在睡觉。

睡吧，亲爱的宝贝，
妈妈已经给你们做好了裙子，
裙子底部有花边。
睡吧，亲爱的宝贝，
睡吧，你们可以睡觉了，
用玫瑰和紫罗兰做了床，
用孔雀羽毛做了被子；
睡吧，像太阳一样美丽的眼睛。

睡吧，睡吧，
妈妈的宝贝，
妈妈和上帝的孩子，
宝贝不要再哭了。
睡吧，睡吧，
妈妈的宝贝，
妈妈和上帝的孩子，
宝贝不要再哭了。

摇篮曲给运动带来力量与协调

摇篮曲不仅表明了保护，也表明了力量。为了证明这一点，约翰内斯·科奈特根让一支乐队演奏摇篮曲所有可能变奏曲中的一些后，发现摇篮曲并没有发生任何改变，不管它是由长号还是整个乐队演奏出来的。当摇篮曲被乐队演奏出来时，它就变成了一支完美的民族颂歌。

表面上看二者存在冲突，但科奈特根评论说："不管是民族颂歌还是摇篮曲，它们都有着同样的任务：传递安全与保护。"

不仅如此，养成听摇篮曲的习惯也会帮助孩子在最初尝试迈步走路时掌握好平衡。

但是，唱歌与运动又有什么关系呢？如果我们对此稍加留意，就会发现当要描述孩子特别优雅的动作时，我们经常使用音乐术语，我们会做出这样的评论："他动作协调。"

这不仅仅是一种说法。运动与听觉是相互关联的，因为掌握运动平衡的器官在人的耳朵里。

"通过耳朵，"马里奥·多德斯刻尼（Mario Todeschini）在他的书《生物物理心理学》中写道，"音乐作用于整个人类……根据共振法则，音乐激活数十亿脑细胞，有利于协调再平衡。"

摇篮曲和节奏感

1981 年，密歇根教育局的一组研究人员对中学生的节奏感展开了研究，只有 25%的初中生能成功跟上节奏，而高中生中 80% 的女生和 66%的男生能跟上节奏。

10 年后，重复进行了这项调查，其结果更让人失望：不协调的孩子比例急剧增长。在小学，85%的孩子会跑调或跟不上节奏；在幼儿园，这一数字上升到 90%；在青少年中，尽管他们大部分时间耳朵上都挂着随身听的耳机，但是，只有 1/3 的男孩和 1/2 的女孩能不错过节拍。

2001 年没有再进行这项调查，但学者们都认为状况不会有太大的改善。

他们认为出现这样的结果主要是因为：小孩子从小就越来越难接触到童谣和摇篮曲。

心理学家认为，无法跟上节奏也反映在其他行为上，比如，孩子在阅读、学习语言、练习舞蹈和体育运动方面更加困难，并且自我组织能力更差。

孩子在听我们说话

出生前

怀孕第 22 天胎儿的听觉就已经开始发育。

在第 3 个月和第 4 个月之间，胎儿会在听到非常强烈的声音时遮住耳朵，而当他听到不同寻常的声音时，这个好奇的小家伙就会放慢心跳，仿佛在问："现在，有什么事情发生呀？"

第 5 个月时，他通过心跳加速和惊动来回应非常响亮的声音，但他的听觉尚未完全发育。在第 6 个月之前，胎儿感知声音借助的是触觉，即通过皮肤毛孔感知声音产生的振动。

到第 6 个月时，他就具备了通过体内和体外两种途径听声音的能力。不仅如此，"在怀孕第 7~9 个月期间，除了能够感知声音，胎儿还能记住它：他能将它与之前所听到的声音相关联，并能对其传达的含义进行诠释。"南非开普敦大学音乐教育与哲学教师希拉·伍德沃德（Sheila Woodward）说。

当声音从体外传到胎儿的耳朵时，声音会因为腹壁和母体内羊水的阻隔而减弱。当声音从体内传过来时，胎儿能听懂话语、歌声、叹息和欲望，但最重要的是母亲心跳可怕的砰砰声。事实上，在胎儿的耳朵里，心脏跳动所产生的声音强度为 70 分贝，与城市交通所产生的声强相当。

母亲的歌声对胎儿来说是最怡人的声音。歌声可以通过两种方式传达到胎儿耳中：从体外传达，就像任何其他音乐一样；还可以通过母亲身体的振动从体内传达。

出生后

5个月大时，孩子会对新的旋律做出反应，但不会对他已经习惯的旋律做出反应。

6个月大时，当孩子听到声音时，他会转向声音的来源。有时，当孩子听到音乐时，会摇来晃去，但他无法跟上节奏。

8个月大时，在听到音乐时孩子会拍手并摆动手臂。

大约9个月大时，孩子开始进行发声练习，能部分地遵循歌曲或音乐的节奏。

满一周岁后，当听到音乐时，孩子会移动头部、大腿和上半身，但还不能跟上节奏。

与心灵合拍的音乐

古代的印度教徒认为宇宙源自声音，声音产生了光，而光形成了物质。起初，人们倾向于认为这种说法只是富有诗意的想象，但是，它们在现代物理学理论中得到了证实。爱因斯坦的弟子物理学家大卫·博姆（David Bohm，1917—1992），认为物质只不过是“冻结了的”声音。

因此，音乐和歌曲所产生的振动从我们身上唤醒构成我们自身的和声，并对我们的思维发出指令，以及唤起我们愉悦和狂喜的积极情绪，这就一点也不奇怪了。

最好用左臂抱孩子

当我们抱起孩子要给他唱摇篮曲时，我们会本能地选择用左臂托住他，将他的头靠近我们的心脏以更好地倾听我们的心跳。

这就是孩子在母亲子宫时听到的心跳，也是与摇篮曲的节奏相符的心跳。

但最令人惊讶的是，选择这个位置的是孩子自己，而不是妈妈。

著名的人类学家德斯蒙德·莫里斯（Desmond Morris）告诉我们：“在观察刚出生的孩子几小时后就会发现，孩子会表现出他是带着既定的倾向来到这个世界的，即会倾向于将头转向右边。如果有人小心翼翼地将新生儿的头置于正中的位置，然后就不去管他了，最后几乎总会看到孩子的头偏向了右边而不是左边。70%的案例都会出现这样的情况。”

正如希腊伟大的哲学家柏拉图（公元前428—前347年）所说：“最好的教育源于音乐，因为和声与节奏可以渗透到心灵深处，并会占据心灵，同时赠予那些受益的人智慧与理性。”

最初的音乐

“孩子的音乐教育应该从出生前的9个月开始。”匈牙利作曲家佐尔坦·柯达伊（Zoltan Kodaly，1882—1967）经常这样说。他是 20 世纪音乐教育学的大师之一。

自古以来，人们就一直知道音乐对儿童的智力和情感发育有影响，但只是在最近 25 年里，才有研究证实音乐如何对新生儿和胎儿的身体和智力发育产生决定性的影响。

莫扎特效应

在研究了胎儿对音乐的反应之后，英国研究者米歇尔·克莱门茨（Michele Clements）在 1977 年得出结论：勃拉姆斯和贝多芬的音乐会让胎儿躁动，而维瓦尔第和莫扎特的音乐，特别是他们早期的作品，会让胎儿平静下来。

1997 年首次出版的《莫扎特效应》（Effetto Mozart）一书的作者，美国音乐家—研究者唐·坎贝尔（Don Campbell）声称：莫扎特的音乐和巴洛克音乐最适合刺激儿童大脑中新的神经元连接的产生，因为这些音乐具有丰富的对称性并多采用循环模式，这既能刺激右脑，又能刺激左脑，最后使左右脑功能合成一体。

与维瓦尔第和莫扎特的优美旋律相反，在这些学者们看来，摇滚音乐会惊吓到孕期的胎儿和新生儿。以下是学者们建议给孕期的胎儿和未满一周岁的新生儿听的音乐：

· 莫扎特：D 小调弦乐四重奏（K 421）

· 莫扎特：第十一号弦乐四重奏（K 171），小行板

· 莫扎特：G 小调第二十五号交响曲（K 183），行板

· 莫扎特：D 大调第二十号四重奏，柔板

· 莫扎特：C 大调第二十一号钢琴和管弦乐队协奏曲（K 467）

· 维瓦尔第：A 小调小提琴、弦乐和古钢琴协奏曲

· 维瓦尔第：D 大调吉他和弦乐协奏曲，广板

· 巴赫：勃兰登堡协奏曲

· 门德尔松：春歌

事实上，超声波可以显示胎儿根据噪声的强度以不同的方式听取和应对日常生活中的噪声。

卡车通过（100 分贝）时，新生儿会摆动手臂和大腿；听到人声（50 分贝）时，他只会调整心跳。如果是熟悉的声音，他的心跳会慢下来，就好像有人让他安心下来了，但如果是陌生人的声音，他的心跳就会加速。

这就是为什么学者们认为让孩子听音乐会有助于他构建听觉并开发平衡感。

但哪些音乐适合新生儿听呢？音乐学家佛朗哥·布雷拉解释说："一般来说，所有音乐都可以给孩子听，但也得遵循一些常识性的标准：要控制音量，严禁音量过高；最好不要给孩子听那些带有刺耳声音的当代音乐，这可能会让孩子感到很痛苦。此外，最基本的是要给孩子听我们喜欢的音乐。当然，孩子通过其非凡的探知能力，尽快注意到妈妈和爸爸喜欢的声音，这也很重要。因此，孩

子会毫不犹豫地去模仿那些声音，就像他已经模仿过的其他事情那样。除古典音乐外，还可以给孩子听轻爵士乐、福音音乐、印度拉格和民谣。”

在一周岁生日临近时，孩子将获得两种无法衡量价值的能力：自主说话和行走。

这两种能力都与耳朵密切相关，耳朵也是平衡器官，因而也就与音乐有关。

第三章

被哄的美妙与快乐

在所有哺乳动物的孩子中，人的孩子是最没有自卫能力的，而其他哺乳动物的孩子，一出生就可以用腿站立，蹒跚学步并开始它们的世界之旅。而且所有哺乳动物中最聪明的人的孩子，对于这个世界是极其没有准备的，他不会行走，无法获取食物，也没有毛皮保护自己免受寒冷，尽管可能看起来有些奇怪，他甚至都没有学会睡觉。

此外，科学家已经发现：新生儿的睡眠周期不是 24 小时，而是 25 小时。因此，出现的这一个小时的不足就需要一定的时间来纠正。

此外，新生儿褪黑素（一种掌管睡眠节律的激素）的产生并不像我们希望的那样集中在晚上 8 点，而是在凌晨 3 点到 4 点之间达到最高水平，这一个小时刚好与全人类最需要休息的时段相符。古人将夜晚的这个特殊时段称为“昼夜交替之时”，而不是在午夜之时开始新的一天，他们将人类夜晚的“零”时定在凌晨 3 点。

民间的说法是“新生儿错把白天当作晚上了”，这样的说法也并非没有根据。在一片漆黑的母亲子宫中度过 9 个月后，新生儿必须习惯接受昼夜交替。

新生儿没有“坏习惯”，只有必不可少的需求

“太多父母都因害怕宠坏自己的孩子而备受困扰，”法国心理学家桑德琳·萨菲兹（Sandrine Sfez）指出，“我们的社会要求孩子越来越早地独立自主，因此，在孩子出生后的头几个月，禁止哄。但是，这几个月对孩子来说没有“坏习惯”这一说法，只有必不可少的需求。孩子需要有人哄他，就像他需要吃饭和呼吸一样，满足孩子这样的需求绝对不会让他对此形成依赖。他唯一能养成的习惯就是相信自己。”

体验过母亲照顾的孩子会先摆脱对母亲的依赖。

美国亚特兰大埃默里大学的医生与人类学家梅尔文·康内尔（Melvin Konner）的研究就证实了这一说法。他说：“非洲博茨瓦纳昆纳族的孩子，只是在出生后的头几个月里不得不与母亲保持密切的联系，相比之下，美国孩子 3~4 岁时才能离开父母，与同龄人更长时间地一起玩耍。”

此外，加拿大温哥华大学的研究人员发现，当有人哄孩子时，他的心跳会变慢，肌肉紧张程度会降低，呼吸会变得更加有规律和

更深，并会逐渐与心跳同步。所以，让我们哄自己的孩子吧，他会记得的……

如何让孩子学会睡觉

正如我们所见，我们的孩子应该“学会”睡觉。如果我们相信这一事实的话，基于可靠的科学根据，我们就能够对孩子的睡眠问题采取更为宽松的态度。因此，有必要研究儿童的睡眠动态，以便能更好地应对它。

躁动、浅度与深度睡眠

我们所有人，无论小孩还是大人，都通过连续的三个阶段进入睡眠王国，这三个阶段在漫漫长夜相继交替出现：躁动睡眠、浅度睡眠和深度睡眠。我们都会在夜间醒来好几次，即使我们没有意识到这一点，即使我们有印象睡得很沉。

同样，我们的孩子也是如此。唯一的区别就是：当我们醒来时，我们会翻个身继续睡觉，而孩子会呻吟、哭泣、叹息、低声说话……

· 躁动睡眠。这个阶段时脑海里全是各种各样的梦：充分活动的大脑，正在建立自己的神经元网络。在这个阶段，如果仔细观察孩子的脸，你会注意到他会做各种鬼脸，并且在闭合的眼皮下能察觉出眼球的跳动，这表明他正在做梦，并且那时他的大脑非常活跃。

科学家将这种类型睡眠叫作 REM 睡眠，这一名称源自英文单词Rapid Eye Movement的首字母缩写，它的意思就是“快动眼睡眠”。

不要将REM睡眠与特征明显的抽搐相混淆，因为抽搐是有节奏的、持续的，且会持续更长时间。

· 浅度睡眠。这是睡眠从一个阶段过渡到另一个阶段的中间阶段。在浅度睡眠阶段，孩子可能会醒来，睁开眼睛，尿湿床铺。

· 深度睡眠。学者将深度睡眠分为四个层次。在最深的第四个层次，即幼儿时期最具代表性的层次，孩子听不到任何声音。你可以将音乐调到最大音量，将孩子从车上搬到他的婴儿床上，给他换尿布，他都不会睁开眼睛。他的心会有节律地跳动，呼吸平稳而均匀。俗语“睡得像孩子一样”的说法也并非偶然。事实上，成年人很难达到深度睡眠的第四个层次。

新生儿的睡眠比较特别

年龄较大的孩子和成人，在进入躁动睡眠阶段之前，会经历一段持续几个小时的深度睡眠，而哺乳期的孩子，只要放在婴儿床上，就会立即进入躁动睡眠阶段：他们会动来动去，会有像痉挛一样的身体颤动，会抽泣呜咽，会喃喃低语，会眨动眼睛，还会挥动手臂。在一顿闹腾之后，你就会看到他们的头抵着床头，腿挂在床沿上。出现这样的情况有以下几个原因：

· 在出生后的头几个月，REM睡眠量要占总睡眠量的50%。与年龄较大的孩子和成人不同，新生儿的一半睡眠时间都在做梦。

· 随着孩子的成长，REM睡眠量的占比会逐渐降低，在两岁时达到 20~25%，此后会一直稳定在这样一个数值。

· 早产儿的躁动睡眠量比足月生产的婴儿还要多。事实上，REM 睡眠量要占他们总睡眠量的 85%，他们用它来完成脑回路发育，这是他们在妈妈的子宫中时尚未完成的工作。

妨碍一岁内孩子睡眠的主要原因

也许最常见的错误之一就是将哺乳期孩子睡觉时的正常反应看作疼痛或呼唤的迹象。夜间，孩子至少会出现 5 个躁动睡眠期。在从躁动睡眠过渡到深度睡眠期间，孩子可能会在婴儿床上说话、哭泣或翻身。尽管如此，他还是睡着了。把他抱起来，不会让他平静下来，而只会把他真的弄醒了，并打乱他的节奏，节奏被打乱后就很难重新建立起来了。

因此，孩子可能就无法从做梦阶段过渡到深度睡眠了：在每个躁动睡眠阶段之后，他会醒来（每 1 小时、每 2 小时），因为他建立了一个错误的反射，对他来说每次“做梦”后都要醒来。

这是在一岁期间妨碍婴儿睡眠的主要原因之一：想让婴儿平静下来的意图，实际上会阻止他入睡，从而使这种状况变得越来越严重。

针对这个问题，美国著名儿科医生本杰明 · 斯波克（Benjamin Spock，1903—1998）这样写道：“他刚刚醒来。独自一人，没有别人帮助。眼泪汪汪的。我们不要立即跑到他身边，焦急地问他：‘你怎么了？饿了吗？渴了吗？觉得孤单了吗？想要换衣服吗？’

答案是‘不’！经过相当长时间的睡眠后，这个孩子只是在察看四周的情况。他在闻床和牛奶，还有妈妈的味道，在为所拥有的幸福而感叹，眼泪汪汪的。当我们伸懒腰时，我们也这样。”

孩子需要睡多长时间?

并非所有孩子，当然也并非所有成年人，需要的睡眠时间都是相同的：因为人与人之间存在着相当大的个体差异。

在这里，我们将给出各年龄段孩子的平均睡眠时间。

· 出生后的第一周：一般来说，新生儿的睡眠时间为16~20小时，平均分布于白天和夜晚，单次最长的睡眠时间为4~5小时。通常，新生儿的白天时长为3~4小时，它是以睡眠—醒来周期交替的时间点为界。

有些孩子可以不间断地睡10小时，有些孩子不会连续睡觉超过2小时，这是一个体质问题：新生儿睡眠缺乏规律性是由他们体内的“生物钟”尚未完全发育决定的。

· 4个月大时：约90%的孩子至少会连续睡6小时。但是，如果某个孩子的睡眠时间与大多数孩子的不一样，也没有必要担心，正如我们所看到的，每个孩子所需的睡眠时间是千差万别的。

· 6个月大时：运气最好的父母将能够在晚上看到自己的孩子连续睡7~8小时。

· 从6个月到1岁：孩子白天会时不时打盹儿，累计

3~4 小时，到了晚上则每晚需要大约 11 小时的睡眠时间。

正如我们将在“害怕被遗弃”一章节中所看到的那样，孩子处于担心分开的阶段，他担心父母会在他睡觉时消失不见了，这是导致 6 到 12 个月大的孩子失眠的最常见的原因。

· 从 1 岁到 3 岁：大多数孩子每晚会睡 10~13 小时。白天时他们会继续不时地打盹儿，这对于他们缓解紧张的情绪非常重要。

睡前仪式的魔力

在原始社会，仪式有助于讨好或驱逐邪灵，或平息无法控制的、让人极其恐惧的自然现象。对于孩子来说，仪式拥有同样的魔力。

“仪式，即严格重复某些同样的习惯，它是使人安心的重要工具。”威尼斯发育期心理学中心负责人保拉·斯卡拉瑞（Paola Scalari）解释道。

习惯给予安全感。有些孩子无法入睡，除非他们手中拿着自己喜欢的玩偶或“妈妈替代品”。重复相同的习惯可以给予安全感，消除焦虑，有利于预测应该发生的事情。

创建习惯和家庭日常小仪式，是我们可以给孩子留下的最好礼物之一，在困难时刻，这些习惯和仪式会给予孩子安全感。

随着孩子慢慢长大，他开始尝到了探索自身周围世界的甜头，并感觉越来越难停止探索而走进夜晚黑暗的隧道。这就是与摇篮曲相关的仪式之所以非常重要的原因：它帮助孩子标记时间，以区分醒来时刻和睡眠时刻，因为孩子总会担心睡觉的时候就会失去妈妈。

来自美国新泽西州哈肯萨克大学医学中心睡眠/醒来障碍研究所的专家们叮嘱父母："在孩子入睡前一小时让孩子玩儿一些安静的游戏，必须让孩子的活动程度逐渐降下来，通过这种方式，他的神经系统就会为休息做好准备。打斗、奔跑和搔痒并不是帮助孩子进入睡眠时间的最佳方式。"

当"全世界都上床睡觉了"

"最好尽快创建一个晚上的仪式。"美国费城圣约瑟夫大学心理学教师乔蒂·闵德尔（Jodi A. Mindell）建议道，"当孩子年龄很小的时候，如果他们累了，他们随时随地都能睡着，但并非总这样。如果在孩子3至6个月大时创建一个'美好夜晚的仪式'，那么这个仪式就会在孩子最需要它时固定下来。"

不要急匆匆的，而是要以一种慵懒的幸福态度，开始放慢我们每天的生活。

穿着睡衣，用精油按按摩，用"你好"开始问候所有白天陪伴我们生活的事物：站在窗口能望见的钟楼影子，挂在床头上方的画，还有可爱的猫咪。

上面说的这些有何用意呢？其实，就是想让上床睡觉这一时刻成为一种父母和孩子都期待并喜欢的仪式，成为让家人感受到家庭非常团结的机会。本来全家人都要休息了，但在孩子的奇妙想象中，就是整个世界都在准备睡觉了：房子里的灯光变暗了，玩具也都收拾好了，电视里那势不可当的叽里呱啦声最后也偃旗息鼓了。

唱摇篮曲、童谣，对云朵、月亮、画、泰迪熊和拖鞋道晚安都是让孩子安心的方法，同时给他提供参照点，如果他不得不在半夜醒来，这些事物可以帮助他认出自己所在的地方，并会帮助他安下心来。

在孩子上了婴儿床后，就可以给他唱一首摇篮曲，让他听着轻松的音乐睡觉。在关灯之前，我们要在他的怀里放一只柔软的泰迪熊，或者满是妈妈香味的汗衫，又或是他自己的小被子。有时，在小家伙躺下几分钟后，我们可以回到他身边给他送去惊喜的抚摸，这样也可以让他相信，即使他睡着了，我们也不会消失不见。

我们选择什么样的仪式并不重要：仪式的连续性和规律性比仪式的细节更为重要。此外，切记不要着急，心理上也不要让自己觉得是在“糟蹋”和“浪费”时间，我们要去“享受”这仅有的只与孩子待在一起的半小时。

睡前仪式的两个原则

如果我们养成每天晚上花半小时关注这个仪式的习惯，那么我们会发现我们的孩子会越来越不抵制上床睡觉，相反，他会等不及开始这个完全属于他的特殊时刻。

为了仪式取得成功，需要注意以下两个原则：

1. 仪式，或至少仪式的最后阶段，必须在卧室进行。“如果你在另一个房间里进行了最美好的仪式，然后再把孩子放在床上，那么他的卧室对他来说就变成了一个笼子，一个你把他关起来的地方，因为好玩的事情是在另一个地方进行的。”乔蒂·闵德尔说，“但如果孩子的房间是最佳时刻上演的地方，那么他就会将它与美好的回忆联系在一起，并且会在不制造任何麻烦的情况下安然入睡。”

2. 专家还建议在婴儿完全入睡之前将其放入婴儿床。事实上，在孩子入睡之前让他意识到自己所在的地方，也是非常重要的，在夜间醒来时，孩子就不会感到不习惯，他会认出自己的房间，这样也就会更容易重新入睡。

帮助孩子面对夜晚的朋友

心理学家将这个“朋友”称为“交易对象”。它可以是一个玩偶，也可以是妈妈的汗衫，还可以是满是“朋友”味道的被子，就是它陪伴孩子度过漫漫长夜并让他安心。

唯一的问题是，孩子特别依恋他的“图腾”，以致如果把他的“图腾”弄丢了，他就会拒绝睡觉。为了避免出现这样的问题，我们要选择易于替换的物品，例如两件颜色、香味和形状都相同的妈妈的汗衫，或者每天晚上让孩子选择一个玩偶，因此，如果孩子的“图腾”弄丢了，他也总会有备用的！切勿将“图腾”放入洗衣机中清洗，因为它会失去原有的气味，并且与孩子建立的让其安心的纽带也会一起丧失。

让孩子睡觉的三种策略

有关统计数据告诉我们，20%～30%的孩子会让父母在晚上保持清醒状态。孩子晚上不睡觉对每个人来说都会是一个问题。但是，那些真正不睡觉的孩子还是很少的，事实是他们决定不在我们可以休息的时候睡觉。

然后，还有一些孩子，在他们还只有3~4个月大时，每当在大人怀里睡着的他们被放入婴儿床时，都会拼命地大喊大叫，这表明他们还不能将自己的小床与安全和保护等同起来。

随着时间的推移，就会导致一种紧张状态的产生。疲惫、恼怒的我们被迫度过一个又一个不眠之夜，而孩子也会感到精神紧张，所以就更难以入睡了。

由此产生的冲突和紧张局面还可能会升级，以致影响夫妻关系的稳定，尤其是如果夫妻未能就处理这类情况应采取的策略达成一致时。

要解决这个问题，需要做以下三方面的思考：

1. 我们要搞清楚给我们带来困扰的是什么：孩子的作息时间表，孩子的哭泣，还是孩子跟我们一起睡大床……

2. 我们要确定我们可以忍受的是什么，以及我们对自己的孩子有什么样的期望。

3. 最后，我们要选择一套我们确信可以共同管理的、统一的行动方法。

要与孩子建立一种照顾到各方需求的轻松关系，应该从孩子出生后的头几个月起就选择一套可以遵循的方法，上述思考是必不可少的三个先决条件。

加上后续所有变化和补充，人们可选择的用于应对孩子“不睡觉”这种突发情况的方法大体上有以下三种：

1. 与孩子待在一起，就待在他睡觉的婴儿床边，直到他安静下来。

2. 把孩子带到父母睡觉的大床上。

3. 教孩子独自睡觉，不要让他觉得自己被遗弃了。

待在孩子身边

每次孩子叫我们时，我们都要起身去看他，然后哄他直到他入睡。为了让他睡着，我们还要在他身边待一会儿。疲惫不堪的我们，会经常觉得我们是在忍受这种状况，而从没有尝试去解决它。事实上，即使什么都不做也是一种抉择。

了解替代方案可能会导致精神更紧张和压力更大之后，有意识地做出选择也是很有必要的。

一旦确信我们选择的道路对我们和孩子来说都是最正确的，并让我们感觉更好的话，我们就要想办法让它变得可以承受。如果可能的话，可以做一下任务分工：爸爸可以在上半夜照顾孩子，妈妈在下半夜；或者，爸爸妈妈晚上轮流照顾。白天可以找人帮忙带孩子，这样我们就可以休息一下。

如果睡眠缺乏和精神紧张有可能损害夫妻关系，那么夫妻就需要经常交流。隧道尽头通常比看起来更近。我们的总体（包括意识上的）配合程度可以让孩子变得更强大，从而使他能平静地度过晚上的时光。

与许多人的看法相反，尚未有证据表明用这种方法养育的孩子长大后会比其他孩子更容易被宠坏。

在父母的大床上睡觉

此方案的支持者声称，孩子需要随时随地与妈妈保持联系。

美国著名的儿科专家威廉·西尔斯（William Sears）在采访了5000名采用这一方案的父母之后，建议那些想采用同样方案的父母在孩子进入家门那一刻起就把他放在大床上。这样，孩子的情感需求就会立即得到满足，并且父母也不必承受由于较长时间里忍受孩子哭泣所产生的情绪压力。这样就实现了西尔斯所谓的“夜间家庭和谐”。

“新生儿非常需要安全和舒适，”伟大的儿科专家马切洛·贝纳迪（Marcello Bernardi）提醒道，“吃完奶后在妈妈的怀里睡着，并继续睡在妈妈身边，可能就睡在妈妈的床上，这会让孩子感到十分愉快，也让他重拾在妈妈子宫里生活的感觉，从而感到非常安全。”

那么孩子要在父母床上睡到什么时候呢？根据威廉·西尔斯所获取的调查数据，从出生后头几个月起就在父母的大床上睡觉的孩子，大多数会在2~3岁时决定独自睡觉。

父母与孩子一起睡在一张床上可能会感到不舒服，尤其是当孩子横着身子睡觉的时候，这样的情况很常见。要解决这个问题，可以选择一张非常大的床，或者采用更为极端的解决方法：

我把原来的大床拆了，然后在地板上放了三张床垫。这可能看起来有些奇怪，但如果起作用的话，那又有什么不对的呢？

（罗伯塔，1 岁孩子的妈妈）

更困难的是，找到可以满足父母亲密需求的方法。有一些替代办法，通常也是令人满意的。

我们去客厅做爱。这让我们觉得有点像情人……

（罗伯塔）

孩子经常在我们的床上睡觉，这并不是因为我们深思熟虑后做出这样的选择，而只是因为我们认为对我们来说这样做要更方便些，毕竟可能需要在半夜起床。这样，就存在一定的风险：因为我们并非完全接受这样的情况，而只是“容忍了”它。

然而，孩子极其敏锐的感知力不会让自己上当受骗，他会捕捉到我们隐藏得最深的感受。在察觉出父母只是“容忍了”而不是“接纳了”自己，他往往会迫使自己相信自己已被接纳了，并且尽管在他不再有这种需要时也可能会要求在大床上睡觉。

这样，我们就必须将因为懒惰或方便所做出的选择转变为有意识的决定：要么我们热情地欢迎我们的入侵者，要么把他放回他的小床上。

让孩子习惯独自睡觉

许多人都认为，对孩子来说能独自睡觉就是一项重要的成就：孩子除了能享受更有规律的睡眠节奏（总的来说，这对他的健康有益），还慢慢学会了如何拥有自己的空间，如何尊重父母亲密的时刻。如果这是我们的选择，那么有必要从孩子出生后的头几个月开始，在满足他需要的所有爱抚之后，让他在摇篮里睡觉，不久后摇篮就会成为他的“庇护所”。

孩子哭泣时，父母要等待一分钟，太漫长了

当我们晚上听到孩子哭泣时，或者如果我们看到他焦躁不安时，我们不要因为想让他平静下来就立即跑过去把他抱在怀里。如果我们这么做的话，就有可能把他彻底弄醒了。相反，我们要看着表，等待60秒。对我们来说，这60秒好像永远也走不完；但对孩子来说，这个等待的时间是必须的，因为这样他才能认识到自己不是在不同睡眠阶段间暂时醒来，而是确实需要我们。要听孩子哭一分钟真是太难了，但我们尽力坚持住。

事实上，年幼的孩子与成年人一样，都十分需要睡眠。在满足孩子的要求之前，睡眠中断给孩子带来的不适，可能远远超过在满足他的要求之前让他醒着哭一会儿时他所感受到的不适。

如果孩子一直在哭，我们就要温柔地靠近他，即使他大声尖叫我们也要轻声细语地跟他说话，我们要尽力将我们的平静传递给他。不要把他抱在怀里，不要开灯，不要一直跟他说话，也不要让他玩耍，这样，他从我们的态度应该就能明白晚上是要睡觉的。

我们要抚摸他，让他感觉到我们就在他身边：毕竟这就是他想要的。我们要让他听着音乐入睡。

有时孩子会哭很长时间而且好像无法安抚他，那么只能等他自己停止哭泣了。我们要待在孩子身边：在大多数情况下，尤其如果是早产儿的话，孩子夜晚长时间哭泣是其摆脱白天累积的精神压力的一种方式。

叫醒孩子的技巧

法国睡眠专家珍妮特·布顿（Jeannette Bouton）说：“如果新生儿在该睡觉的时间无法入睡，他会哭 20 分钟，或者几个 20 分钟。事实上，他会哭着度过因为醒来而失去的那几个睡眠阶段。”

因为哭泣，孩子会与布顿所说的反生物节律作斗争。事实已经证明，如果 REM 睡眠受到醒来的系统性干扰，那么在 4~5 个晚上之后，孩子就会表现得特别焦躁不安。对于猫来说也是如此：如果它们连续几天被剥夺了 REM 睡眠，它们也会更加焦躁，它们会走得更多，会不停地吃东西，而公猫则会受性亢奋折磨。

身体往往会恢复失去的 REM 睡眠。度过几个受干扰的夜晚之后，人做梦的时间会更长，做的梦也会更激烈，有时候甚至会以一种奇怪的方式做梦。

如果可以的话，我们要让孩子自己醒来并自我调节，即使错过了用餐时间，因为要由孩子自己来制定自己的节奏。正如英国权威杂志《发育医学与儿童神经病学》（1999 年 6 月）所述："重建正常的睡眠周期会导致儿童行为发生令人吃惊的变化：他们会很快变得不那么烦躁，变得更加平静，更加快乐，会变得更愿意玩耍，也会变得更加热情。认知功能、学习速度、记忆力和解决问题情境的能力会趋于提高，同样他们与同龄人相处的能力也会提高。"如果因为不可抗力的原因，我们不得不叫醒孩子，珍妮特·布顿对此种情况给出了以下建议："要知道孩子是否真的愿意醒来，只需轻轻抚摸他的脸颊或抓住他的小手。如果他笑了，就意味着他已经准备好醒来了；相反，如果他很暴躁，就最好不要坚持把他叫醒了，可以让他睡一会儿。"

充满温柔的噪声

以前，孩子们会伴随着温柔的噪声睡觉：水流的潺潺声、陶瓷餐具的咣咣声、绵羊的咩咩声和奶牛的哞哞声。如今，伴随孩子们入睡的是：冰箱毫无特点的嗡嗡声、电视机持续不断的呱呱声、汽车的滴滴声和地铁的隆隆声。

音乐疗法的学者们指出，海浪的哗哗声、雨滴的嘀嗒声或树叶的沙沙声等噪声被称作“白噪声”，它会促使人最大程度地放松。

在紧急情况下，可以采用一种经济有效的方法来制造“白噪声”，即在两个发射站之间调谐无线电。虽然听不见声音，但是设备会发出“白噪声”波，它可以促使脑电波调谐。

这些声音的振动频率是每秒8个周期，这个频率与大脑的α波相同，此时大脑处于紧张状态，但当大脑处于放松状态时，其产生的脑波振动与地球转动时通过宇宙释放出的相同。

如今，市场上有专门用于促进睡眠的音乐和“白噪声”出售。

第四章

弄懂孩子的哭泣

婴儿如何与我们沟通

婴儿如何让人明白自己饿了？哭。

婴儿怎么让人知道是时候更换尿布了？哭。

婴儿怎么让爸爸明白他不喜欢被这么猛烈地亲吻？哭。

婴儿怎么呼唤去了厨房并没有回来的妈妈？哭。

婴儿怎么摆脱爱管闲事不知趣的阿姨？哭。

哭是婴儿唯一了解的“语言”，也是他传达需求、愿望和愤怒的唯一方式。

如果我们基于这个前提出发，我们很快就会意识到他的哭声有各不相同的音色、音量和音调。

随着时间的推移，我们将能够弄懂它，解读它，甚至喜欢它：这是孩子对我们说的第一句“话”，是他和我们的第一次“对话”，也是他第一次向我们表达信任和爱。或许，我们甚至会很高兴地听到它，即使是在深夜，即使会中断我们仅有的几小时安静时光。这就是他叫“妈妈”的方式，这就是他对我们表达信任的方式。

正是通过理解和分担孩子的哭泣，我们才形成了与他们的第一次深层联系。

正确解读孩子的哭泣

古人对孩子的哭泣有不同的见解。与其他动物特有的冷漠相比，婴儿的哭声被视为人类不幸的证据：“只有人出生时，赤身裸体地，被遗弃在光秃秃的土地上，哇哇大哭。”古罗马作家老普林尼（Plinio-il Vecchio，公元 23，一说公元 24 年—公元 79 年）

中世纪时，人们认为婴儿绝望的哭泣是恶魔附体的征兆，为了摆脱它，会请教区牧师来驱魔。

鉴于驱魔没有什么成效，18 世纪初对婴儿哭泣的看法发生了根本性的逆转：哭泣不是孩子的“过错”，而是父母的。人们说，是父母把孩子“宠坏”了，因为每当孩子发出点怪叫声时父母都会跑过去。就是为了“打断”他的坏习惯，所以孩子的哭泣被置之不理了。

“是时候抵制这个坏行为了，以免其成为一个根深蒂固的习惯，也为了让孩子不变成堕落太深的人。”1748 年一位德国儿童教育家在题为《孩子的教育与教育》的文章中大声呼吁道。

但“让他们哭，不要宠坏他们”的理论仍然有众多粉丝，这其中也不乏儿科专家和心理学家。

在问题的另一端，也有人支持“不惜一切代价让孩子停止哭泣”的观点。让我们看看为什么这种看法不值得推荐。

一个需要正确解读的信号

最细心的心理学家和我们的本能告诉我们，哭泣从不应该被忽视，也不一定需要抑制，而是应该被解读。

有时候，孩子需要哭泣，这是为了摆脱精神紧张，为了表达强烈的情感，为了表现出痛苦或愤怒。因此，不应该阻止孩子哭泣，哭泣会让孩子感觉更好。

成功解读孩子的哭泣，将其视为孩子传达自身需求和表达情绪的一种方式，无疑可以带来很多好处：

· 帮助我们发现孩子不舒服的原因，从而解决可能出现的问题。

· 帮助孩子摆脱精神紧张。

· 防止我们做出愤怒、急躁或悲伤的反应。

妈妈的“过错”

关于孩子哭泣，存在很多不同的看法、偏见和想象，最常见的莫过于将孩子的躁动不安归罪于妈妈。关于此点，有必要引用一下美国儿科专家托马斯·贝里·布雷泽尔顿过去经常讲的一个故事。

一天，布雷泽尔顿被叫去托儿所观察一群4个月大的孩子。小家伙们并没有特别留意那些儿科护士，他们时不时地笑一笑，偶尔会因为快乐、无聊或感兴趣哼唧几声。但是，在一天结束时，妈妈和爸爸们一出现在门口，他们就一起哭了起来，只有当父母将他们抱在怀里时，哭声才会平息下来。但这并不算结束：如果妈妈或爸爸试图亲吻他们，他们就转动脑袋，好像想避开妈妈或爸爸。

“他们从来不会那样对待我们！”护士们说。

“唉，”因为内疚而倍感煎熬的妈妈们心想，“孩子是在生我的气，因为我让他独自待了一整天。”

布雷泽尔顿说：“我对父母们就他们孩子哭泣的解读感到很惊讶。每个人，毫无例外地，都会因为某事而感到内疚。实际上，孩子没有因为任何事生妈妈或爸爸的气，他们只是等待妈妈或爸爸到了以后，自由地表达他们的感受。他们开始哭泣只是为了引起关注，获得更多关怀和更多的疼爱。”

引发哭泣的压力

“几个月大的孩子从不会因为人性或捉弄人而哭泣，而是为了自己不舒服或为了引起注意以表达他的需求。”米兰大学新生儿学教授儿科专家安东尼奥·马瑞尼（Antonio Marini）解释道。

如果哭泣是新生儿的沟通方式的话，那么让他哭泣的原因几乎是数不清的。“有可能只是压力的累积，”安东尼奥·马瑞尼继续说道，“压力这个词应该从最广泛的意义上理解：身体或情绪上的不适，突然的噪声、视频或看到太多人引起的过度刺激，一个自然事件，如雷阵雨或闪电。”

· 最平常的是身体方面的原因：孩子身上弄湿了，饿了，渴了，冷了或热了。孩子讨厌阳光和黑暗，以及交通、电视机、收音机、电话、门铃、淋浴、CD 和吸尘器引起的噪声。

· 最微妙的是心理方面的原因：孩子感到孤单，需要被抱在怀里，被疼爱，被亲吻。孩子感到很无聊，他不知道该做什么，他因为过于激动而厌烦。在家里感受到父母的紧张、恼怒或疲劳。

其实，孩子哭泣是表示“惋惜”

有些学者说，事实上，婴儿是因为“惋惜”而哭泣。

关于“初次融入社会”（即孩子在分娩前的生活和出生后的反应）的最新科学研究表明，刚出生的小家伙哭了，是因为他被剥夺了他在妈妈肚子里时所享受的所有感觉。

当婴儿从满是羊水的空间来到这个世界时，会有什么感受呢？

有人将婴儿的这种经历比作被发射到太空的宇航员。但是宇航员在进行太空探险之前，已经为迎接失重的世界做了好几个月的准备。

然而，婴儿随时都得面对未知的事物，还必须适应从未体验过的刺激。他不仅必须协调手臂和腿部的运动，而且视觉、触觉、听觉和味觉也必须面对至此尚未了解的状况。当他想要在睡梦中躲避时，他不再能感受到母体羊水的催眠摇摆。

正如人类学家德斯蒙德·莫里斯所说："如果一个小孩需要安慰，最有效的办法就是让他再象征性地回到母亲子宫中。"

给孩子建个"窝"

过度简化的儿童保育信息让我们感到精疲力竭，导致我们常常认为如果更多地让孩子自己拿主意，孩子就会更加独立。事实却恰恰相反：孩子与妈妈关系越亲密，独立自主能力就越强。

莫里斯继续说："为一个感到不快乐的孩子提供安慰和宁静，并不意味着鼓励他软弱或延迟他发育，而是帮助他度过一个糟糕的时刻。"

如果可以进入孩子的小脑瓜并读懂他纠结的思绪，也许我们会意识到他唯一的愿望是回到妈妈那虽然黑暗却温暖的子宫里，或者至少是一直紧紧抓住妈妈的身体。

珍妮特·布顿写道："当人类再也不能在时空中找到自己并辨明方向时，他就会失去自信。为了让自己安心，他需要让自己感到'被迫'限制自己的活动边界。"

同样，当婴儿被放在摇篮中时，他会靠着摇篮的一侧缩成一团。他会找一个"窝"，一些参照点，一些可以保护自己的依靠边界，他想"给自己做个窝"，他想找到亲密和安慰。

他常常斜着睡觉，并把头放在摇篮的角落里，这是他在母亲子宫里生活时养成的习惯。新生儿科医生解释说，当妈妈躺下时，孩子必须斜着待在子宫中，以避免自己的椎骨撞到母亲的椎骨。

孩子最喜欢的“窝”是妈妈的身体：在婴儿背带里，或趴在妈妈背上，或鼻子抵在妈妈乳房上，从那儿，孩子能感受到妈妈心脏的跳动、呼吸有节奏的波动、脚步的振动、说话声音的回荡和身体的香味。

孩子出生后的头几周，白天的时候，我们要这样带给他睡眠的快乐，而不用担心会宠坏他。

“这些幸运的孩子，”德斯蒙德·莫里斯解释说，“体验了最初为他们注入安全感的身体律动，在适当的时候，他们会比其他人更加有准备去勇敢地探索周围的世界。他们很有安全感。”

如果孩子很活泼

像成年人一样，从第一声啼哭开始，孩子也会有一个非常明确的个性：有“心宽体胖的”，有“一般活泼的”，还有“非常活泼的”。

我们都认识一些在任何情绪表现上都很极端的人，例如把喜悦演绎成痛苦，这些人感情奔放，举止夸张，焦虑不安，烦躁不宁，充满激情。有时新生儿也会这样。

美国伟大的儿科专家托马斯·贝里·布雷泽尔顿，整整一生都在从事婴儿研究。他是这样描述非常活泼的孩子的：“只要有一点胃口，他就会拼命地哭……如果不关注他，他会哭……如果肚子痛，他会哭……如果没有立即满足他的要求，他会哭……如果妈妈把他独自留下，他会拼命地哭……总之，他会哭！从第4个月开始，他就会出现分离焦虑：除妈妈外，不愿意和其他任何人待在一起……他难以入睡，脸上的神情表明他不相信任何人，他想保持清醒以察看妈妈会不会‘骗’他，会不会在他一睡着就离开了。”

是个捣蛋鬼？不。“他只是发育早且速度让人吃惊罢了，”布雷泽尔顿继续说道，“他非常聪明，这样至少在某种程度上弥补了父母为他做出的牺牲。如果接受并尊重他的个性，即使一个非常易怒、很难安抚的孩子，也会心情快乐地成长。”

孩子哭泣的所有好理由

·婴儿出生后几秒钟就会哭，强有力的哭声表明婴儿身体很健康。哭泣时，婴儿扩张肺部，从而为自己提供有效的呼吸。

如果哭声很弱或没有，那么表明婴儿身体有些不舒服。

·饥饿是婴儿哭泣最常见的原因，但是，不应该认为婴儿每次哭泣都是因为饿了。

如果婴儿刚吃过奶了，那么再给他补充牛奶或含糖饮料就是错误的做法，因为这可能导致婴儿出现早期肥胖。

在特别炎热的日子或因为给他吃了卡路里太高或浓缩的食物（例如干饼干），婴儿可能会因为口渴而哭泣，尽管通常牛奶能提供足够的水分。

·一旦排除了婴儿可能因饥饿或口渴而导致哭泣的情况，就可以认为他的哭泣是由受热或受冷所致，或由衣服太过紧身或尿布脏了造成的。

·像成年人一样，婴儿的哭声也可以用于表达情绪。有时婴儿哭，是因为他感到孤独，他需要被宠爱。在其他情况下，他的哭泣有可能为了反映家中可能出现的气氛紧张的情况。更简单地说，通常婴儿哭泣是因为他累了。

·通常婴儿夜间或开始服用牛奶时突然哭泣，可能是由耳痛引起的。在这种情况下，孩子看起来很不安，有时候，他会把小手放在自己的耳朵上，好像想把它扯下来一样。

·所谓的“第二个月腹痛”会发生在傍晚时分，它是婴儿长时间和无法安抚哭泣的主要原因之一。婴儿感到肚子疼痛时，在疼痛消退之前，他是不会停止哭泣的。

似乎这类哭泣是由婴儿所进行的肠道调节所致。

如何将腹痛与其他原因导致的哭泣区分开来

为了将夜间腹痛同其他原因导致的哭泣区分开来，需要进行以下观察。

腹痛导致的哭泣

·婴儿吃完奶后，打嗝，接着平静下来，然后突然开始大哭。

·婴儿吃完后，睡着了，接着在一小时内醒来，然后开始拼命地哭。

·这种哭泣与正常的不同：孩子看起来非常不安，几乎是发狂了。

·婴儿好像肚子剧烈疼痛，他的双腿折叠放在腹部。

·似乎没有什么可以安慰他：如果把他抱在怀里，他会安静几分钟，但随后又会开始哭泣，甚至连爱抚都没法让他平静下来。

·喂奶时，他吮吸几分钟后就放开乳头，然后突然大哭。

·在两次哭泣之间，他会发抖和抽泣。

·如果尽管我们待在小家伙身边，他仍然继续尖叫的话，我们不要灰心，要把其视为正常的情况。

腹痛的特征之一是：它不会在婴儿出生后的头几天开始，而是会在其出生后的第 3 和第 5 周之间开始。然后腹痛时好时坏继续发生，一直持续到第 3 个月末，很少超过第 4 个月。值得安慰的是，我们可以经常跟自己说，再过几周腹痛导致的哭泣就要自动消失了。

5 个婴儿中有 1 个会出现上述情况。尽管婴儿会哭泣并伴有明显的痛苦，但他们都非常健康，并且发育得非常好，他们只是“调整”自己身体的功能。因此，只需耐心平静地等待第 3 个月的到来就可以了。

其他原因导致的哭泣

并非所有夜间哭泣都是腹痛导致的。下面我们来了解一下如何识别其他原因导致的哭泣。

·晚上吃完奶后，婴儿无法放松下来，非常不安，然后开始哭泣。然而，他的哭泣跟平常一样，与腹痛导致的哭泣是不相同的。在这种情况下，他可能只是累了，或者有些烦躁。

· 晚上，婴儿长时间哭泣，但吃完奶后他安静地睡着了。在这种情况下，他只是饿了。

· 婴儿哭泣，但打个嗝后，他安静了下来。在这种情况下，他只是有些胀气。

· 如果抱起婴儿，他就停止哭泣，只有把他放回摇篮时他才又开始哭泣。这种情况表明他需要疼爱和陪伴。

· 这类哭泣只是偶尔发生，并不是每天都会重复。而腹痛导致的哭泣，几乎总是在同样的时间出现，并且遵循相同的模式。

哭泣的治疗效应

哭泣对身体和心灵都会产生有益的影响。严谨的科学研究表明，哭过之后，动脉压会降低，心跳节奏会减缓，受情绪影响的脑电波流动会恢复平静并趋于同步。

为了证实哭泣的有益影响，美国明尼苏达州立医院的生物化学家威廉·弗雷（William Frey）煞费苦心地分析了眼泪的成分，发现它们含有一些压力荷尔蒙，那么，自然可以认为眼泪使身体摆脱这些荷尔蒙的影响，从而有助于身体放松。

因此，抑制眼泪就会妨碍孩子放松。不仅如此，眼泪还含有内啡肽和儿茶酚胺，这些物质可以调节情绪，对抗抑郁症并促使幸福感产生。尽管看起来很荒谬，但根据弗雷的研究，孩子会通过哭泣尽力让自己平静下来，并充实好心情！

相关统计数据证实了弗雷的研究：心理学家伯格曼（T.

Bergmann）与安娜·弗洛伊德（Anna Freud）一起写了一本名为《在医院的孩子》的书，研究了新生儿在医院的行为，那些在医院婴儿室最喜欢大声喊叫的孩子一回到家就变得特别平静与合作。

反过来，英国精神分析专家约翰·鲍比（John Bowlby，1907—1990）一生大部分时间都在研究母子之间的关系，他得出的结论是："如果孩子在一岁期间的哭泣没有得到回应，那么之后他们会倾向于挑衅父母，或者会极其任性。"

当孩子表达自己的情感时，我们待在他身边

但这还不够。"任何试图让孩子不能专注于哭泣的行为对他来说都将是一种情感上的遗弃，"约翰·鲍比警告说，"孩子需要有能够倾听并分担他们愤怒、痛苦和恐惧的人在身边。"

如果我们的孩子从他们睁开眼睛看世界的第一刻起就能表达自己的感受，不担心被转移注意力、被压制，或者更糟——被忽视，那么他们将会感受到无条件地被爱，被彻底地接受和理解。

"之后，当他们变成青少年时，他们将能够与他们的父母谈论自己的问题，他们不会羞于表达自己的情感，如果他们认为有必要的话，他们会哭泣，并且他们知道他们可以依靠自己的父母，父母会倾听他们的诉说。"《眼泪与任性》一书的作者瑞士裔美国心理学家阿列莎·索尔特（Aletha J. Solter）解释说。随后，她又补充说："作为一名治疗师，我发现了一个有趣的事实：孩子们表现出过度依恋并不停地啜泣，但当父母能够创造出一种接受孩子哭泣的安全情感氛围时，他们就会停止这样做。”

孩子出生后的头几个月对于建立这种关系至关重要。比如，第一个月结束时会发生重要的事情——孩子倾向于以不同的方式安排睡眠时间：夜晚的睡眠时间一点一点地延长，并且要求吃奶的时间变得更晚，朝着清晨推移。

在许多情况下，傍晚时分，若孩子出现“躁动不安”和无法安抚的哭泣，并且这种情况甚至能持续几小时，就表明他开始学习昼夜节律。

在度过平静而又安宁的白天之后，孩子突然开始哭泣并大喊大叫。他好像真的“精神崩溃”了，他把身体折起来，好像患了十分疼痛的痉挛，不管用什么方法都没法让他平静下来：给他喂奶不起作用，给他奶瓶也不行，给他假奶头还是不行。

儿科医生将这种情况称作“夜间心律失常”，即缺乏夜间节律。其他人更喜欢把它叫作“气体腹痛”“夜间腹痛”或“第二个月腹痛”，因为孩子肚子里经常有空气。

无论人们想使用哪个名称，但都不知道出现这种行为的原因，也不知道如何找到治疗方法。

我们尝试了所有解决方法：我们把孩子抱起来，给他翻个身让他肚子朝下；我们给他按摩；我们尝试给他喝菊花茶；我们给他唱摇篮曲；我们用婴儿车推他出去玩；我们用八音盒给他放音乐听；我们开车带他去兜风。但一切只是徒劳。

一个无法安抚的孩子可以让最阳光的父亲陷入绝望边缘的无能

为力状态。看到他哭，我们会变得比他更绝望。我们会担心他遇到危险，担心他生病，我们会感到无能为力，于是我们开始问自己我们哪里做错了："是我的奶不够，是我忽略了他，也许是我摇他太多了，或许是我吃错了东西……"

每个猜测都是恰当的，但没有一个能解决问题。到目前为止，还不能对这些夜间哭泣的原因做出令人满意的解释，现在许多研究人员甚至怀疑婴儿在腹痛期间肚子是否真的痛得很厉害。

然而，可以肯定的是，哭泣帮助婴儿执行各种各样的任务，包括释放白天被抑制的能量和累积的压力。

哭泣让孩子摆脱那些扰乱他并且他无法用其他方式表达的刺激。

布雷泽尔顿向我们保证："多年来，通过在波士顿儿童医院进行的研究，我们证实3周龄婴儿通常每天会哭一小时至一个半小时。6周龄时，他们每天会哭泣长达2小时，有时甚至长达4小时。然后，随着孩子慢慢开始发出声音、微笑，习惯以其他方式与身边人沟通时，哭泣会趋于减少，并在第3个月前后几乎完全消失。"

因为夜间心律失常而哭泣的婴儿并不饿，即使他愿意接受母乳或一奶瓶牛奶，但吃完后他又会立即开始哭泣，并经常会吐出他刚喝下的奶。

婴儿会在固定的时间哭泣，通常是在下午晚些时候或晚上，这是由他体内的生物计划所驱动的，其机制尚不清楚。

很可能，这些是正常的多动阶段，像机器的发动机加速时一样，过多的能量对应于体温较高且身体功能长时间的活跃。

如何回应婴儿的哭泣

事实上，当婴儿哭泣时，我们应该怎么做呢？答案不外乎两个：

1. 如果导致哭泣的原因是身体上的，那只需将这个原因排除就可以了：我们给他换尿布，我们给他喂奶，我们用温暖的毯子把他包起来……

2. 如果不是身体上的原因，我们就不要想方设法抑制他的眼泪：分散他的注意力，给他喂牛奶或母乳，让他摇摆和跳舞，在他眼前挥舞拨浪鼓或让他看电视。我们这样做只会妨碍他减轻不适和摆脱紧张情绪，从而使他变得更加焦躁不安。

知道我们的目标不是想方设法让婴儿停止哭泣，这将使我们更容易忍受他的哭泣。

我们需要做的只是待在他身边并安抚他，就像当我们悲伤时我们希望有个亲爱的人对我们做的那样。经验将告诉我们，如果我们接受婴儿的哭泣，一旦婴儿不再沮丧，他会突然变得安静、放松和愉快，并且大多会进入深度睡眠，就好像他放下了重担，重新找回了自己的宁静。

婴儿很快就学会这个顺序：首先是哭泣，然后是安抚，接着是不适，最后是幸福。这个顺序对他来说非常重要，因为它使他感觉良好，正是从这个序列孩子学会了两件事情间的因果机制。

此外，婴儿意识到自己可以用某种方式确定成年人的行为，这样，他逐渐开始有自我意识，并开始为自己的智力发育打下基础。

事实上，学者们做了这样的推论：如果抑制哭泣会增加婴儿的压力水平，那么自由表达自己的情绪，感受父母在身边，就会让婴儿更放松，因此会变得更聪明。所以他们认为，那些经历过自己哭泣“被接受”的婴儿要比那些表达自己不适时被阻止的婴儿更聪明。

你会安抚哭泣的婴儿吗?

不管因为什么原因，婴儿的哭声永远不应被忽略：它始终需要一个答案。

· 如果婴儿因为腹痛或耳炎感到很不舒服，应该把他抱在怀里安抚他。不要担心宠坏他，小家伙需要身体接触来处理由疼痛导致的不适。我们可以给他的奶瓶里灌一点温热的洋甘菊或八角茴香水，给他按摩一下肚子，让他肚子朝下趴着，或者把他放进温暖的摇篮里，然后把摇篮放在一间安静的、光线不强的房间里，不要说话。为了安抚他，我们要将一只手放在他的背上并轻轻地摇动摇篮。

· 即使婴儿明显毫无理由地哭泣，并且我们决定让他待在摇篮里，但仍然有必要向他示意我们已经听到他哭了，并且我们会考虑解决方法的：跟他说话，哄他，抚摸他。

· 教育工作者和儿科医生建议，不要婴儿一抱怨就跑到他身边去，同样地，也不要让他长时间哭泣而不给他回应。

正如我们在前一章中所看到的那样，建议婴儿哭泣大约 1 分钟后再进行干预，不要早于 1 分钟。实际上，一些研究表明，这是婴儿意识到父母不在身边所需要的时长。在这短暂的等待中，婴儿会意识到他需要有人给他回应，并且他会得到回应，因此他更加肯定自己能提要求并能收到答复。

上述推论得到了一些研究的支持，当然这些研究都必须针对年龄超过一岁的儿童群体进行。其中，最有趣的研究之一是由休斯敦大学的美国生物学家阿文·布朗利（Avin S. Brownlee）进行的，他对一群访问大学的罗马尼亚儿童进行了研究：在这些小家伙中，皮质醇（即压力荷尔蒙）水平高的，就表现得不那么好奇，也不太能适应环境，而那些受到更多关注的则更有信心探索环境。

以色列著名心理学家鲁文·费尔斯坦（Reuven Feuerstein）证实了这一点。他认为智力是可以“教出来的”：“接受和富有同情心地回应孩子哭泣，会对他们的认知发展产生影响，会增强他们的自尊并让他们感觉能掌控自己的生活，会让他们自信到能自己展开探索，并会鼓励他们继续探索。”

当孩子 6 个月大的时候，他看起来很善于交际。当陌生人靠近时，他不再微笑着回应，他哭泣，他不停地大喊大叫或者忸怩地低下眼睛，他用双手遮住脸，他更加用力地抓住认识的人，他把头转向另一边。如果妈妈或爸爸离开，即使是一小会儿，他也会哭得很伤心，如果新来的人敢把他抱在怀里，他会反抗。

这就是所谓的“分离焦虑”。我们将在“担心被遗弃”一章中解释如何处理这个问题，以及如何让孩子安心。

第五章

每天大笑 500 次……

法国公布的统计数据显示，今天的意大利人平均每天笑 6 分钟，而半个世纪前他们每天笑 18 分钟。68%的受访者声称他们从来不笑，24%的人笑 1 分钟，8%的人大笑 5 分钟。人们想知道这些数据是否真实，或者是不是爱热闹的人开的一个玩笑。如何注意到自己有没有笑呢？

不管怎样，有一个事实是肯定的：现如今我们笑得很少。大城市生活中的忙碌、匆忙、焦虑和困难，或者住宅区的烦闷和孤立都大大减少了生活的乐趣。有研究资料表明，每天经常大笑可以治愈精神压力和抑郁症，甚至严重的疾病。

科学界对大笑影响的关注始于 1974 年，当时美国最负盛名的医学期刊《新英格兰医学杂志》报道了记者诺曼·卡森斯（Norman Cousins）的案例，医生诊断出他患了强直性脊柱炎，一种治愈率很低的疾病。卡森斯决定离开医院那令人沮丧的环境，他带着一包幽默书籍和电影退隐到山上的一家酒店，他用笑声和维生素 C 完全治愈了自己的疾病。

婴儿笑的各个阶段

幸运的是，我们的孩子笑了。美国著名治疗师安妮特・古德哈特（Annette Goodheart）观察到："4 岁的孩子每天笑 500 次，而成年人平均最多笑 15 次。"

虽然很难教会孩子们彬彬有礼或举止文雅，但是我们可以不费吹灰之力地教会他们笑：只要顺着他们就可以了。

那么，婴儿的笑分为几个阶段呢？

・在胎儿生活的最后阶段，孩子开始微笑。胎儿的微笑并不是一种有意识的活动，而是一种用于锻炼笑肌的自动反射，也被称为"圣托里尼反射"（源自 18 世纪意大利威尼斯解剖学家简・多明戈・圣托里尼 <Gian Domenico Santorini> 的名字），所有动物中，只有人类有这种反射。

・出生后的第 2 周，婴儿为了满足自己的基本需求，用微笑表达了他的幸福状态。

如果成年人的回应鼓励了这最初的微笑，那么出生后第 5 周或第 6 周时婴儿将开始对外部刺激微笑，例如：妈妈的声音、某个响声、某个动作、一丝微风和靠近他的脸。

・出生 3 个月后，婴儿将第一次高声大笑。

·出生后第 5 个月，婴儿开始区分家人和外人的脸，并且在出生后第 8 个月时，他拒绝对不认识的人微笑。

·随着不断长大，婴儿的微笑变得越来越不那么“无意识”，并且含义上呈现出细微的差别，时而表示愉悦，时而表示尴尬，时而表示同谋，时而表示玩笑。

·2 岁时，孩子完全掌握了笑的能力，这是他幸福状态的最明显证明。

建立亲子间的联结从微笑开始

的确，新生儿科学家确信孩子还在妈妈肚子里的时候就开始笑或微笑了。

“在胎儿生活中微笑的出现，”罗马大学发展心理学教师安娜·奥利维瑞奥·费拉里斯（Anna Oliverio Ferraris）解释说，“有助于巩固使那个微笑成为可能的运动模式。”

换句话说，孩子在“训练”自己使用微笑肌肉。这是一种无意识的训练，与他周围发生的事情毫无关系。

我们大家在看到几个星期大的婴儿在睡眠中微笑时就会问自己：“谁知道他梦见了什么？”实际上，婴儿只是在继续进行其来到这个世界前就已经开始的训练。但是，为了孩子智力和情感发育，现在父母有必要热情地回应孩子这最初的表情。下面来解释一下原因。

一些实验表明，当5周大的婴儿看到人脸接近时，他就会微笑，但如果把画了眼睛的硬纸板人像放在婴儿眼前，他也会同样相信那是人脸。在学者们看来，婴儿对这些刺激的反应是无意识的，也就是说，不是通过与周围环境建立联系学来的，而是与其内生机制有关。然而，如果妈妈用言语、愉快的表情和爱抚来回应孩子的微笑，她就会对他的智力发育做出决定性的贡献，会帮助他意识到他眼前的那个人物形象与他不相同。这样一来，父母与孩子之间的关系就建立起来了，孩子也会发现自己微笑时可以得到一些回应。

取得了第一个伟大的成就——孩子的微笑从“无意识的”变成“交际性的”，这是简单的硬纸板人像永远无法带来的转变。

解读孩子的笑

如果我们做鬼脸，新生儿会一直不动声色，而3个月大的孩子会笑。新生儿还没办法自己建立精确的面部图像，因此也就无法掌握面部图像的改变；但是，3个月大的孩子能够掌握鬼脸和“正常”表情之间的对比，所以他笑了。

孩子的笑是了解他智力发展到达何种程度的指示器。随着他的经验不断丰富，他掌握对比的能力也会不断发展。

几个月大时，当爸爸把一个物体藏到身后，然后再向他展示时，他笑了。

8个月大时，如果孩子把一块玻璃纸弄皱了，他会突然无法抑制地大笑。他还不知道一个物体不会因为只是把它藏起来就会消失掉，也不知道弄皱的玻璃纸会发出“起咔起咔”的声音。对他而言，这些都是令人意想不到的荒谬的事情，也是让人发笑的事情。随着他对这个世界的深入理解，他会因为那些需要了解更为复杂的社会现实的事件而笑。

阿尔贝托

2岁的阿尔贝托在停下来的有轨电车上，只看到了即将上车的乘客的脚，他就大笑了起来。那些没有身体独自行走的脚引起了他的欢笑。

在这种情况下，通过幻想孩子想象了一个不现实的情景，他觉得很有趣。这样，孩子就重新创造了这个情景的喜剧性。

为什么笑会有益健康

·美国著名治疗师安妮特·古德哈特，多年来一直用大笑治疗了许多疾病，甚至很严重的疾病。她说：“如果我们能像孩子一样笑，我们的心脏活力将会与孩子的一样。”

另一位专家解释说：“笑不仅对心脏有益，也有助于发育。事实上，笑能刺激体内分泌更多的生长激素。”

·法国医生皮埃尔·维切特（Pierre Vachet）进行实验后指出，笑能产生一种遍及全身的内部热量，这种热量通过给身体的所有细胞充氧，可以加速组织再生并稳定许多身体机能，同时帮助保护身体免受感染。

·法国神经学家亨利·鲁宾斯坦（Henri Rubinstein）说，大笑1分钟可以为身体提供45分钟的放松治疗。法国生理学家伊斯海尔·维恩布蒙（Israel Waynbaum）证实了这一说法，他请一群演员模仿不同情绪下的面部表情，如幸福、厌恶、悲伤和惊讶，记录生理变化的仪器显示，只有受试者微笑时心脏搏动减少，压力下降，身体放松。

·人们会笑到流泪，会喜极而泣。这明显的矛盾从生理学上可以找到解释。从运动学角度看，笑和哭都是由大脑丘脑区域中距离非常近的运动纤维来控制的。两名俄罗斯研究人员指出，刺激控制笑的丘脑中心会导致眼泪的产生。

第六章

孩子在“想”什么

“每个孩子都会开始重新创造这个世界。”伟大的儿童精神病学家唐纳德·温尼科特（Donald Winnicot，1896—1971）说。

确实如此。在人生的其他任何时期，增长的速度都不会如此突飞猛进。只要想一想，在一年的时间里，孩子的体重增加了3倍，平均增长3至9千克，而身高从50厘米增长至75厘米。就好像一个身高1.5米、体重50千克的13岁男孩在一年里身高增至2.25米，体重增至150千克！

但是，如果将婴儿体重和身高增长的速度与其思维能力的增长速度（用更科学的语言来说，就是婴儿在大脑中建立新神经元连接的速度）对比的话，那么前者是“可以忽略不计的”。

如何“学会”思考

几个世纪以来，人类一直试图研究人的思维和情感是如何运行的。为了解释其机制，随着时间的推移，人们创造了最单纯、最深奥或最奇异的理论。

现在，借助新的研究方法，如正电子发射断层扫描（PET）和核磁共振成像（MRI），我们能够看到美国著名物理学家戈登·肖（Gordon Shaw）所定义的“整个宇宙中这1400克最具功能性和最有组织的物质”：大脑的内部。这距人类历史第一次看到大脑内部也只过去了几年。

实际上，这就是我们神经系统中最重要的部分：除了思考，它还调节着我们操纵的行动，如走路或说话，以及非完全自愿的活动，如呼吸或眨眼。

大脑在婴儿出生后就会发育

科学家告诉我们，孩子的大脑中有1000亿个细胞，或者，如果更喜欢用专有的名字来称呼它们，即1000亿个神经元，其中只有极小一部分已经相互连接了。

这个网络每天都在拓展、细分，变得更加错综复杂，创造了数千公里的新连接，这些连接对于解读这个世界的谜团是不可或缺的。正是由于这些连接，孩子的思维、体验情感和行为方式才得以形成。

“这些最初的经历至关重要，它们可以改变个体的性格和人格。数十亿神经元正在等待连接成回路并被激活，”美国韦恩州立大学儿科神经病学教师哈里·春甘尼（Harry Chungani）说，“正是孩子在人生这个关键时期中有可能获取的这些经历，决定哪些网络将被使用和保存，哪些网络将被丢弃。”

正如著名儿科专家布雷泽尔顿所解释的那样：“孩子接受什么样的日常照料对其大脑选择什么样的方式建立连接具有决定性的影响。跟孩子说话，给他背诵童谣，给他唱首歌，让他听听音乐，这样，父母就能帮助自己的孩子发展重要的神经元连接。通过抚摸孩子，以及富有同情心地回应他的哭泣，可以帮助孩子建立情感连接，这将使他长大后能够建立健康的人际关系，同时激发他的好奇心、创造力和自信心。”

魔法时间不会永远持续下去。出生后的头几个月，婴儿的大脑发育会疯狂地继续下去，随后会逐渐减缓，在 3 岁初时几乎停止。

睡觉时大脑不是在休息，而是在工作！

如果我们观察脑电图显示的大脑活动记录，我们会发现，与醒着时相比，睡觉时婴儿大脑活动会强 5 到 10 倍。在他的大脑中，似乎有一群程序员非常忙碌地调整其大脑计算机运行所需的电路。

完成大脑神经回路的必要性也解释了，与足月出生的婴儿相比，为什么许多早产儿会用多达 85%的时间睡觉：他们有更多的工作需要完成。

妈妈的脸的重要性

最近的科学研究证实了布雷泽尔顿给出的说法，同时也打破了一个能在很大程度上阻止儿童发挥其全部潜力的神话。

与人们之前的看法相反，人的智商并非出生前就决定了的，也不是一直保持不变的。根据孩子的经历，其大脑的某些区域会比其他区域发育得更好。

“最近的研究表明，给予孩子关注以及保证其情感安全是至关重要的，孩子受到的照料是其构建大脑能力的‘基石’。”美国北卡罗来纳大学控制论研究人员榭丽尔·布朗（Cheryl L. Brown）写道。控制论是研究人类和动物内部通信过程的科学。

大脑能够自我重建

当婴儿还在妈妈子宫内时，甚至出生后的第一年里，其行为方式以及妈妈给予他的刺激会对他后来的发育产生决定性的影响。并且，还不止如此。

“尽管基因遗传有可能为孩子的心理或身体能力的发展带来好处或坏处，但其影响既不是直接的，也不是不可逆转的或不可改变的……大量的数据表明，如果给孩子足够多的机会和必要的鼓励，他就能在任何领域达到极高的能力水平。”加利福尼亚大学旧金山分校神经科学教师迈克尔·梅泽尼奇（Michael Merzenich）解释说。

2000年诺贝尔医学和生理学奖获得者埃里克·坎德尔（Eric Kandel）证实了这一点。他说：“人类的大脑并不是出生时收到的、不可改变的遗产。它是一种动态结构，能够创造新的神经元连接。而且不仅如此，如果受到适当的刺激，它还能够自我重建，并激活新细胞。”

就像我们将在接下来的内容中看到的那样，正是通过我们的脸和我们的温暖，使之成为可能。

以色列心理学家鲁文·费尔斯坦说：“对于孩子来说，母亲的脸有其他物体所不具有的特征。”

孩子从出生时候起就认出母亲的脸，这样他就能察觉出表情的变化。这些变化是很难察觉的，只有完全了解正常表情的人才能注意到它们。

正是通过观察妈妈的脸，孩子学会了阅读各种情感（喜悦、惊讶、担心、失望、询问……），学会了理解他周围的世界。

孩子想知道为什么会发生表情变化，为什么妈妈会悲伤、快乐或恼怒，这就是理解因果关系的第一步。

因此，我们的表情越丰富，我们越是不厌其烦地表达自己的情感，孩子就越容易将我们的反应与他的经历联系起来。

当我们跟婴儿说话时，我们要把自己的脸靠近他的脸，要提高音调，并尽力突出模仿。

尽管对局外人来说我们可能看起来像滑稽演员，但请记住，新生儿只能辨清其面前 20~30 厘米距离的图像，他们对高的音调特别敏感，并且会更好地“倾听”充满激情和感情的交流者。

照出整个世界的“镜子”

“正是在成人的脸上看到自己的映像，孩子学会了解读自己获取的知识并赋予它们意义，”鲁文·费尔斯坦说，“孩子会对他能掌握的每一项技能做出反应，此时他不仅会考虑这些技能对他的直接影响，还会考虑它们在父母那儿引发的影响和反应。”

专家解释说，“照出”孩子至关重要。孩子发出声音或做鬼脸，我们模仿他，他重复它，我们再次模仿他。在这个游戏中，孩子会看到自己被我们“照出来了”，这样他就学会了理解自己和妈妈之间的差异，以及自己的行为与他人行为之间的区别。

“如果孩子通过探索环境丰富了技能和知识，但在这个过程中没有‘人的’照镜子似的回应，那么这些技能和知识就会一直是纯粹的知识：冷冰冰的，凭经验的，非个人的。”鲁文·费尔斯坦解释道，“孩子未来的行为在很大程度上取决于他们与父母分享经历的质量。”

让孩子感兴趣的技巧

人们普遍认为，孩子受到的刺激越多，他的智力就发育得越好。这种看法是对的，但仅限于某些条件下。

事实上，应按照具体特征对这些刺激进行筛选，这样孩子才能吸收和消化它们。孩子越小，越应该突出它们。下面，让我们看看它们都是什么。

抓住孩子的注意力

鲁文·费尔斯坦解释说：“有意识地将吸引孩子注意力设为目标是非常重要的，尤其是当孩子对试图抓住其目光的身边人没有反应时。关于这一点，值得记住的是，缺乏互动会损害他的学习能力，它对儿童情感发展所造成的后果，也是人们长期讨论的话题。”

温暖地靠近他并看着他的眼睛，是给他机会学会集中注意力的最佳方式。

向孩子展示强烈而又鲜艳的色彩

婴儿真正看到了什么？他能够辨认出脸吗？能区分红色和绿色吗？或者能追随运动物体的路径吗？

有必要回答这些问题，这样才能知道我们怎么帮他“学会看”，就像我们帮他学会说话和走路一样。

婴儿只能清楚地看到距离其约 20 厘米的物体，这与哺乳时母亲的脸到他的距离相同，而且婴儿的视野也相当狭窄，他不能用目光追随快速移动的物体，其视度有限：3 个月大时也不会超过 90 度。他能感知到运动，以及亮度和形状的变化，但前提是对比度非常明显。

因此，我们为儿童提供的玩具和物品必须具有明亮、鲜艳和纯净的颜色以及简单的形状设计，以便他们能够轻松识别它们，并有可能使用它们。

婴儿手眼协调的能力特别差。

刚开始，婴儿根据颜色、大小和距离来确定物体，只有到了 5 个月大时，才能先用一只手较为准确地抓住物体，然后才用双手抓物体。

在出生后第 4 个月和第 5 个月之间，他知道如何区分颜色，但只有在满 1 岁时，他才会达到与成人相同的视觉辨别力。

每次给他推荐一个刺激物

为了培养集中注意力的能力，孩子必须习惯于将注意力集中在一个物体上。这不是天生就有的技能，需要慢慢努力学习，就像学习语言一样。

为了发展注意力，孩子必须做一件小事：将注意力集中在一个刺激物上而忽略其他刺激物。

不需要用各种形状和大小的玩具与玩偶填满他的房间，也不需要同时向他推荐故事、图像、玩具和音乐。

要记住的是：每次只能将他的注意力集中在一个刺激物上。

因此，在他的房间布置床和玩具角时，我们不仅要考虑功能性，还要考虑将玩具和图画分开一定距离放置，以便孩子进行“选择”。

事实上，当他毫不苦恼地从一种刺激物跳到另一种刺激物时，他就学会了集中注意力去探索。但是当他区分不同的刺激物时，他会有意地选择一种，因为比起其他的他更喜欢这种，然后会盯着它看，并会想方设法使用它。

我们要不厌其烦地重复

为了感知刺激物，孩子需要必要的时间在脑海中构建它的形象。

例如，只出现很短时间的图像是无法吸收理解的。

孩子年龄越小，刺激物出现的时间就应该越长。因此，为了能吸收理解，必须一遍又一遍地重复。

· 如果孩子在出生后的头几年真的建立了极其多的神经元连接，那么其中很多连接也真的是极其不稳固的：孩子学得快，忘得也快。

· 我们都知道，疾病或情绪障碍，比如离开最喜欢的保姆，会从他的脑海中抹去他之前非常努力学到的东西。这就是人们说的“退化”。

建立神经元连接，或神经元连接消失后重建它们需要什么样的要素呢？重复。神经病学家声称，在所有这些情况下，唯一需要做的是重复，重复，再重复。

给孩子一个惊喜

如果我们想吸引孩子的注意，就有必要换掉玩具，改变他房间里物品的布置，给他准备一个惊喜。

孩了之所以会被旋转木马和移动物体吸引，就是因为由于运动，世界万物都以意想不到的形式出现，因此具有吸引力。

我们也要尽力玩得开心

给孩子玩的玩具，我们也要喜欢，这非常重要。如果在看电影、读小说或与某人见面时，我们能感受到一种强烈的情感，那么我们就会很难忘记这段经历。

这就是为什么有必要给孩子推荐我们喜欢的东西，我们可以用真实的方式传递的东西。为了学习，传递情感也是必不可少的。

留出时间，全身心照顾孩子

尽管我们很忙，但孩子，即使是非常小的孩子，也常常会有“赢取”我们关注的想法。

而且，只要他们有专属的趣味，只需要 10 分钟就可以让他们变得很开心了。

例如，我们要在一开始就告诉孩子我们可用的时间，并清楚说明事情进行的顺序。

“现在我们去看医生，然后我们回家，收拾好房间，最后我们俩玩 15 分钟搭积木。”

“现在我在打电话，然后我去洗个澡，之后我们俩再一起玩。”

同样地，应该提前通知分开的时间。

“再唱一首歌，然后就不唱了。”

“我们再玩 10 分钟，然后我会准备晚餐。”

他们还不会说或看时间，但以温柔而又坚决的语气告诉这些小计划，能使孩子相信我们在关注他。

让人学会思考的三种技能

对于法国社会学家埃德加德·莫林（Edgard Morin）来说，“智力是在复杂情况下思考、应对和解决问题的能力。”

要会“思考”，孩子需要学会三种技能：给予关注、全神贯注和探索发现，并使其逐渐发展成为主动有计划的行为。

1. 给予关注。学会给予关注是开展任何脑力活动的前提，也是进行学习的首要条件。

1993 年去世的唐纳德·布罗德本特（Donald Broadbent）是研究关注行为的主要学者之一，他声称大脑每次只能选择一个感觉通道接收信息，从一个通道切换到另一个通道的速度不能超过 2 次 / 秒。

2. 全神贯注。全神贯注就意味着消除所有可能的干扰，忽略周围的所有事物。通常，人们会因孩子观察物体的投入度，或者在听一段音乐时所展现出的全面吸收能力而感到惊讶。

3. 探索发现。如果我们把一件物品交给一个小孩子，我们会看到他带着疑惑的表情慢慢地检查它，触摸它以感受它的形状和重量，把它放入嘴中，闻它或在地板上击打它。也就是说，孩子会通过全部5种感官获取信息。随着年龄的增长，孩子会借助所有可用手段提高自己的探索能力，并逐渐使其变得越来越系统化，并越来越具有目标导向性。

6个月大时，孩子会把一张巨大而密集的神经元连接网藏在自己的小脑袋里。据估计，这些连接中有三分之一以上将不会被使用，必须对它们进行删减和规划，在某些情况下还得予以加固。这时，正值孩子的探索时期，孩子会开始系统的、不懈的探索。面对渴望探索的孩子，我们必须抵制住想限制他探索的诱惑，不要因为担心就一直急迫地对孩子说“不”。我们要相信他，尽管一直监视着他，我们要随时准备好在真的有危险时实施干预。

要让孩子自由运动

就像听力一样，当婴儿还在母亲子宫内时，其运动能力也开始发育。

羊水的起伏会刺激胎儿的脊柱，并会有助于将胎儿的神经元组织起来。

受到一定量的刺激之后，胎儿的脊柱开始再现由母体移动引起的运动，并且能够自主为它们“编程”。

因此，在怀孕期间，妈妈应尽可能地步行和运动。

新生儿科医生建议，在孩子出生后，要让孩子有机会在没有危险的空间里自由地翻身、转身和运动。

要尊重孩子的心情

明尼苏达大学的神经学家梅根·甘纳（Megan R. Gunner）进行的研究表明，“大脑神经发育不仅受身体因素影响，还受人生活的社会环境影响”。

事实上，当出现精神紧张时，压力荷尔蒙（皮质醇）就会大量分泌，这会破坏神经元。

因此，有必要学会辨别孩子的情绪，并发觉他什么时候最需要安慰和呵护，而不是刺激。

儿童能力发育的各个阶段

在这里，我们制作了一个表格用于表示儿童能力发育的各个时刻：从出生到 1 周岁。以下数据引自鲍威尔（J. Powell）和史密斯（C.A.Smith）所著的《儿童发育的重要阶段：父母指南》。

运动能力		
3个月	6个月	12个月
・当肩膀由成人的手托住时抬起头部。 ・俯卧时抬起头部和胸部。 ・仰卧时，向左右两个方向转动头部。 ・用眼睛追踪运动的物体或人。 ・经常张开双手或双手握拳，但握不紧。 ・给他拨浪鼓时，他会把它抓住。 ・摆动手臂，踢脚。	・在成人的帮助下坐立时，保持头部直立。 ・伸展手抓住物体。 ・玩脚趾。 ・帮忙扶奶瓶。 ・将物体放入嘴中进行探索。 ・将玩具从一只手交到另一只手。 ・摇拨浪鼓。 ・当抓住他双手时，他可以从坐的地方站起来。 ・借助最少的支撑坐立。 ・坐在儿童椅上。 ・翻身。 ・保持站立时蹦跳。 ・坐在儿童椅上。	・在他人帮助下，从玻璃杯中喝水。 ・自己吃面包屑或葡萄干。 ・用拇指和食指抓住小物体。 ・用手指指物或人。 ・将小物体放入容器中并将其拉出。 ・用两小块乐高积木拍打。 ・身体不依靠坐立。 ・用手脚爬行。 ・靠着家具站起来，或走几步。 ・能直行很短时间。 ・用一只手支撑走路。 ・给他穿衣服时，伸出手或脚配合。

感官能力与智力		
3个月	6个月	12个月
・向光源和颜色鲜艳的物体转身。 ・听到声音时转身。 ・识别乳房或奶瓶。 ・如果有人摇拨浪鼓或铃铛，会做出回应。	・看到勺子时，张嘴。 ・模仿妈妈的手势。	・模仿我们的声音和动作。 ・听到音乐时，晃动身体。 ・尝试获得物品。看到玩具时，爬过去取它。寻找从他视野中消失的物体，例如掉在桌子下的勺子。

续表

语言发展		
3个月	6个月	12个月
·发出喉音。 ·回应微笑。 ·哭泣或做鬼脸，让人明白他饿了、他感到害怕或不舒服。 ·通常，当被抱起或听到让他平静的声音时，他会安静下来。 ·辨别出什么时候大人要抱他。 ·开心地玩“咕咕”游戏。	·咿呀学语，低声哼唱。 ·辨认出家人的脸。 ·大笑，高兴地尖叫。 ·被打扰时，大喊大叫。 ·对着镜子里的自己微笑。	·咿呀学语，但有时好像在说话。 ·开口说第一句话。 ·辨认出家人的名字。 ·尝试跟我们说话。 ·用哭泣或沮丧回应另一个孩子的哭泣。 ·表现出对家人的爱。 ·父母离开时，表现出焦虑和牵挂。 ·不信任或暴躁对待陌生人。 ·想要别人抱时，举起两只手臂。 ·理解简单指令。

第七章

按摩：“风儿轻抚”

“按摩就像风儿轻抚，它带走了心灵的不安，减轻了身体的重负。”

刚出生几天的小家伙儿能有什么样的不安呢？说像棉花球一样轻的婴儿有“身体重负”，这合理吗？然而，从母亲温润亲切的子宫过渡到冰冷嘈杂的产房并非易事。

新生儿学家有“产伤”这样一种提法，但“产伤”这个词无法传达婴儿在睁开眼睛看世界时所感受到的恐惧、痛苦和不适。婴儿的母亲会怀念与在她体内长大的小生命之间形成的深深亲密感。

生硬地与小家伙儿分开，母亲需要与他重新建立联系，重新变得亲密，重新接触他、靠近他、抚摸他、触摸他、抱紧他并欢迎他。尽管很高兴看到他成长、变强并变得独立，但她不愿意放弃只有身体接触才能保证的深入的联系。

经过几个世纪没有感情的实用主义论调之后，最专注的儿科专家们正重新发掘父母与孩子身体接触所带来的益处。

“按摩是与孩子建立关系最有效的方式之一。”国际婴儿按摩协会的成员、按摩疗法专家米歇尔·艾宾（Michelle Ebbin）写道。

“治疗性的触摸可以给孩子安慰，并向他传达爱和安全感。除给孩子带来身体上的好处之外，按摩还教你们如何解读他的情绪、感受和需求。

“深入地了解孩子的身体后，你们就会立即发现他身上可能出现的问题和变化。通过教孩子学会放松，你们帮助他为面对世界、预防压力、培养自信做好准备，对于他的将来而言，这将是一笔宝贵的财富。”

爱抚的重要性

爱抚不只是爱的象征。大量研究表明，皮肤与皮肤的接触除了会加强与孩子的情感联系，还会刺激孩子的感官发育。

无论是母乳喂养还是奶瓶喂养，在喂食时有必要对孩子进行按摩和爱抚。一些研究结果表明，爱抚有助于消化和睡眠。

按摩对于早产、剖腹产或被收养的孩子更加有益。在这些情况下，长时间持续的身体接触有助于建立出生时因不幸事件未能建立的亲密关系。

迈阿密大学触感研究所创始人蒂芙尼·菲尔德（Tiffany Field）进行的一项研究表明，每天给早产儿按摩 3 次，每次 15 分钟，持续 2 周，能使其体重比平均值多增加 47%，并能使其比其他未接受按摩的早产儿早 6 天出院。

新生儿学家指出，孩子甚至在出生前就接受了一种按摩。在怀孕 8 周后，胎儿开始发展触觉；分娩前和分娩时，子宫的收缩使孩子受到强有力的"按摩"，从而刺激神经系统并促进呼吸反射。此后，妈妈或爸爸给孩子按摩，让他回想起了这些最初的"就诊"，进而与孩子建立起新的联系。

也许正是因为这个原因，按摩还能消除奥地利精神分析家威廉·赖希（Wilhelm Reich，1897—1957）所说的"身体铠甲"，它是一种使肌肉僵化并抑制心情和情绪（如愤怒、痛苦、恐惧和爱）自由表达的心理与身体紧张。

正是因为按摩是一种了解自己、表达自己和让人爱上自己的方式，它的影响不仅限于孩子身体方面，还延伸到孩子的心理和精神状态方面。

米歇尔·艾宾说："对不同文化传统的人进行大量研究后，得出了这样的结论：接受触碰、抚摸、按摩和哄睡的孩子成年后会变得不那么好斗，更加合作，更富有同情心。"

触摸的"奇迹"

当孩子难受或悲伤时，我们会本能地爱抚他，把他紧紧抱住，这样他立刻就会感觉好些。同样，如果我们头疼，我们会将手放在太阳穴上，或者如果我们胃痛，我们就会按摩胃部。

这些自然的动作，曾被认为只是没有科学依据的自我暗示，而如今得到了最前沿研究的证实。

为了促进母婴依恋，在新生儿重症监护病房中，经常对住院的早产儿和体重不足的婴儿使用治疗用的婴儿背带，这样父母在面对明显虚弱的孩子时，就能克服自己的担心和焦虑，从而可以与自己的孩子亲密接触，并能够爱抚和照顾他。

此外，还证实，当父母在身边并传递温暖时，新生儿会长得更快，并能提前离开他们出生的医院或诊所。

按摩对婴儿的影响

如今，科学能够证明按摩会对机体产生一系列影响，包括身体的和心理的。

身体影响	心理影响
· 放松肌肉。 · 改善血液循环，给其充氧，滋养细胞。 · 调整呼吸节奏。 · 释放胃气，对腹痛和便秘很有效。 · 增强免疫系统。 · 提高身体的灵活性和协调性。 · 加快体重增长。 · 促进睡眠。	· 促进非语言交流，从而促进父母与孩子之间的理解。 · 提供观察婴儿生长和健康变化的机会。 · 创造亲密接触的机会，有助于建立父母与孩子之间的联系，特别是与那些早产或由于某种原因必须留院的婴儿。

续表

身体影响	心理影响
·刺激大脑活动和生长，促进神经系统的发育。 ·刺激内啡肽的产生，它能减轻疼痛感，包括出牙疼痛。 ·与婴儿接触会刺激母亲产生催产素和催乳素，即牛奶激素。	·使父亲和其他家人参与其中。 ·"调和"母亲与孩子之间的关系：孩子刚从托儿所回到家，或因为生病及其他原因一段时间不在家刚回来。 ·提高孩子的自尊心和自信心。 ·让烦躁的孩子安静下来，尤其能有效缓解他的焦虑。 ·教孩子了解自己的身体。 ·教孩子区分有益的和有害的触摸。

按摩的秘诀

孩子出生后一个月，我们就可以开始给他按摩。下面，我们提供一些有关婴儿按摩的基本指引。

风格

按摩风格不计其数：阿育吠陀按摩、中式按摩、日式指压按摩、足底按摩、颅骶骨按摩、脊柱按摩、生物能量按摩……有很多关于这一主题的书籍，也很容易查询到。

我们下面要描述的程序是最"传统"的：虽然要求一定的灵敏度，但不要求具备专门的知识。

每一位父母都可以执行这套程序，还可以为自己的孩子量身定制，因为在实践的过程中他们会慢慢发现自己孩子的喜好（和他们受不了的）。

按摩的动作越慢、越有节奏，就会使孩子越平静、越放松。

技术

· 画小圈按摩：用指尖完成的短程来回按摩。压力要很小，应主要在婴儿心脏周围来回移动。

· 抚摸：通过手指或手掌在婴儿皮肤上滑动来完成。

· 整体抚摸：缓慢抚摸刚刚按摩过的所有区域。

· 来回抚摸：由所有手指来回完成。在这种情况下，也应主要在婴儿心脏周围来回移动。

按摩油和精华

按摩油有助于手在孩子身体上滑动。但是，不要直接把油倒在孩子的皮肤上，而应倒在我们的手上。

· 冷榨植物油，如杏仁油或小麦胚芽油，最适合作为基础油，因为它们富含维生素，尤其是 E 组和 B 组维生素，可以滋养皮肤。

· 为了有香味，我们可以在每勺基础油中加入一滴檀香精油，它可以减轻焦虑，有助于内心平静。

基础油和檀香精油可以在药店或化妆品店购买。

如果我们决定用另一种精油代替檀香精油，一定要确保它不会让我们的孩子有过敏反应。

·转圈按摩：将手指肚儿放在要按摩的区域，用手指肚儿按压该区域，然后移动手指肚儿继续转圈按压。

·振动按摩：振动可将自己的能量传递给孩子，用手或仅用手指轻轻振动孩子。

环境

·房间的温度必须是非常舒适的，因为孩子没有穿衣服。

·孩子不能刚吃完奶，也不能饿了。

·最佳按摩的时间是沐浴后。

·我们的手必须是温暖的，剪过指甲的。我们可以用 2~3 滴温和的杏仁油润滑手，使它们更好地滑动。

·给孩子的按摩时光是建立亲密关系的重要时刻。

·按摩期间，我们要看着他的眼睛，低声温柔地与他交谈。

·眼神接触是建立超越语言的深层情感联系的基本要素。

位置

·我们坐在地上铺的柔软的毯子或被子上，将孩子仰卧放在我们双腿之间。

·这让我们可以在离他脸 20~30 厘米的地方，正如我们所知道的，这是让他看到我们的理想距离。

·我们找一个舒适和放松的地方，穿上轻便宽松的衣服。

持续时间

· 在开始之前，我们要深呼吸数次。我们将手放在横膈膜上，从鼻子吸入空气，随着呼吸缓慢抬高和降低横膈膜。

· 一般来说，按摩大约持续 10 分钟，但我们可以根据孩子的反应延长或缩短时间。

· 如果孩子哭了，我们就中断按摩，再另外找时间继续。

· 如果我们感觉不舒服或者我们太累了，就绝对不要给孩子按摩。事实上，必须传递正能量，按摩才会有效，为此我们自己首先必须是在状态的。

按摩的顺序

给几个月大的孩子按摩，应遵循的、最合适的顺序如下：

1. 头。让孩子仰卧。用手掌温柔地抚摸他的头，从囟门到下巴。

2. 脸和颈。将每只手的中指和食指尖放在孩子前额的中央，然后朝着太阳穴移动。接着，在太阳穴上、眼睛和嘴巴周围画小圈按摩。用拇指和食指抚摸耳廓。

在脖子后面，沿着颈椎进行画小圈按摩，一直画到肩部。振动孩子肩膀。整体抚摸所有按摩过的区域。

3. 手臂。用每只手的拇指和食指做出一个环，从孩子手臂与躯干连接的地方将其手臂环绕。然后从上至下缓慢地转圈按摩，就像要把手臂“拧紧”一样，一直转到孩子手腕。

用手指的振动从上到下抖动手臂的皮肤。然后缓慢地抚摸刚按摩的区域3次。

在孩子手掌上做转圈按压。轻轻拉他双手的每根手指，好像要把它们拉长一样，然后轻轻地拉他的手臂。

4. 胸。在孩子胸部肌肉上画小圈按摩。然后，在同一区域进行振动按摩。最后沿着肋骨，从中心向外，再回到横膈膜，进行整体抚摸。

5. 腹。在孩子的肚子上画小圈按摩和振动按摩。然后从右向左来回抚摸。

6. 腿（正面）。在孩子腿上做几次来回抚摸和振动按摩。然后做一次缓慢地抚摸。最后轻轻按压脚底，非常轻地拉每根脚趾，好像要把它们拉长一样，再轻轻地拉他的腿。

缓慢地做几次从头顶到脚趾尖的整体抚摸。

7. 背。到了这一步，将孩子轻轻翻过来，让其俯卧，用两只手掌抚摸孩子的头部和颈部。

用食指从上到下在孩子脊柱右侧和左侧的肌肉束上画小圈按摩。

然后进行振动按摩。最后缓慢地做一次整体抚摸。

8. 臀。在孩子的臀部画小圈按摩。然后做几次振动按摩。最后缓慢地做几次从内到外的来回抚摸。

9. 腿（背面）。从孩子大腿根开始，慢慢地转圈按摩，就像要把腿"拧紧"一样，一直转到孩子的脚。

然后做几次从上到下一直到脚趾尖的振动按摩和缓慢抚摸。

10. 按摩结束。从孩子头顶到脚趾尖，缓慢地做几次整体抚摸以结束这一次的按摩。

最后将孩子抱起来，用身体的律动将怀里的孩子至少哄5分钟。

第八章

孩子语言能力的发展

“在孩子出生的第 8 天，妈妈就应该给他安全感，把他抱在怀里对他说：‘这种让你害怕的噪声只是吸尘器，别害怕。’这样，所有噪声都会‘妈妈化’了。”法国精神分析家弗朗西斯·多尔托（Françoise Dolto，1908—1988）这样说道。

我们的话要让这个世界变得安全，否则对孩子来说这个世界就是在用各种难以理解的刺激时断时续地侵犯他。

那么孩子从什么时候开始能“理解”呢？最近的研究表明，从受孕的头几天开始，胎儿就能理解母亲表达心情和情感的语言，从受孕的第 3 个月起，他开始能区分声音并理解语言的某些成分。

孩子是这样学会叫“妈妈”的

在出生后的第 4 个月前后，孩子嘴巴构造发生变化，这使他能够调节自己声音的音调和音量，于是开始了专家所称的咿呀学语时期。

前几个月的尖叫声变成了结结巴巴的说话声，并且慢慢地越来越有意义。孩子的语言技能也变得丰富起来，他可以发元音：a、e、i、o和u，以及一些音节，特别是那些最重要的音节，即说ma–ma（妈妈）、pa–pa（爸爸）或pappa（爸爸）所必需的音节。

在孩子刚开始尝试对话时，我们要表示热烈的欢迎，尤其是要给他奖励：爱抚或特别的拥抱，这会鼓励孩子不断地重复尝试。这就是发现语言的方法。事实上，孩子得到的肯定越多，就能越快完成从咿呀学语到说话的过渡。

孩子无条件成功发出ma–ma（妈妈）这两个音节表明，这两个音节变得越来越有意义，不是因为孩子通过某些神秘方式掌握了这个通用范例，而是仅仅因为每当他发出这两个音节时妈妈都会高兴得容光焕发，都会微笑或突然出现。然而，当孩子发单词ba–ba时没有收到类似的确认，所以它就不会出现在孩子的用语中。

孩子一说ma–ma，妈妈就出现，如此往复数百次后，孩子就学会了将妈妈的心理形象与ma–ma这个单词匹配起来。他完成了一次抽象概括！

从这一刻起，语言就诞生了。

我们热情地回应

我们要一直通过热情的回应鼓励他：把他抱在怀里并和他一起

跳舞，教他最经典的童谣，以及给他最简单的乐器：拨浪鼓、铃铛、沙球、手鼓、木琴，或者只是木制的锅和勺子。

孩子开始尝试发出音节时，我们利用这个时机将他发出的 ba 和 bu 转变成 ba–baba–bu–ba–bubu 这样如瀑布般猛烈宣泄而下的音乐节奏，或者把它们变成有关 la 的浪漫变奏曲。我们的即兴创作和经典童谣的节奏刺激了他的听力，不仅有助于他学说话，而且有助于他找到平衡并迈出第一步。

孩子开始尝试发出声音时，我们要热情地表示欢迎，要尽力用脸部夸张的表情来突出他试图与我们进行的难以理解的对话。

因为孩子能发出更多的音节，所以他的用语慢慢地丰富了起来，我们要借此机会让他模仿他听到的声音：时钟的嘀嗒声、鸟的啁啾声和雷的轰隆声。我们要用声音、和声和音乐填满我们的房子。

这些超现实的谈话一点也不荒谬：它们刺激孩子模仿成人的语言，并用新的音节丰富他的用语。

我们要鼓励“不爱说话的”孩子

如果孩子太不爱说话了，那么应该由我们来激励他咿呀学语。我们把他抱在怀里，把脸放在离他约 20 厘米的地方。正如我们所看到的，这实际上是让孩子专注于我们的脸和嘴巴的最佳距离，这也是全世界的妈妈把婴儿抱在怀里时会本能采用的距离。

我们看着他的眼睛，用缓慢和清晰的声音说出我们希望他学会的音节。我们要不厌其烦地以各种方式重复这些音节：改变节奏，用夸张的动作，以及交替使用搞笑的和热情的戏剧腔。

我们要专门为唯一的、不爱说话的观众办一场小型演出！我们的节目越多姿多彩，孩子就越有可能想要模仿它。

我们要试图“抓住”这个神奇时刻

人们说孩子的大脑是可以塑造的，这种说法只是以简单的方式表达了一个真实的生理现象，以及一个无可争辩的科学事实。

在构成大脑的 7 层大脑皮层中，在孩子出生时其中的 6 层已经形成了，而第 7 层仍然是不完整的，并且柔软可塑。只有在孩子 6 岁时它才会最终成型。与此同时，随着一些基本概念深深地刻印下来，在这一层上就会形成一些清晰的路径。就像羊肠小道的形成，也是人们来来回回地走路踩出来的。土地慢慢塌陷，于是在这片“土壤”中，就形成了一些小沟，对于我们来说，这种情况就是大脑表面的灰质，它们为进入大脑的信息提供了明确的方向，并将在人的一生中一直起主导作用。

因此，在头几年的神奇时刻过了之后，人会变得更加固执，改变路径也会变得更加困难。对年幼的孩子说话就意味着在“土地”仍然松软的时候，让他有机会毫不费力地“犁地”。

孩子出生时，新的神经元连接很少，而且低效，因为它们表面没有髓鞘包裹。髓鞘是一种绝缘物质，它可以让脉冲传输速度提高 100 倍。

在孩子出生后的头 6 个月，大脑的一个区域，即所谓的“韦尼克(Wernicke)区”,会髓鞘化,掌管语言理解。接着,“布罗卡氏(Broca)区”也会髓鞘化，掌管语言表达。这样，新生儿在说话之前有6个月的时间来倾听并理解语言。

这就是为什么有必要立即开始对孩子说话，告诉他我们在做什么，我们看到什么，以及他周围发生了什么，并给他推荐一些童谣，这些童谣怪诞的押韵和节奏会让他着迷。

童谣：梦的话语

意大利《秕糠学会词典》并未对童谣表示任何好感。词典杰出的编纂者们在解释这个术语(filastrocca)时很好地卖弄了一番学问，他们认为这一术语源于“‘排（fila）’，它将无意义的话语一个接一个地排在一起，其后缀strocca使其具有贬义”。

但在世界上所有孩子的记忆中，童谣就是一串欢快而又漫不经心的话语，它通向“不存在的世界”。这些讽刺、荒谬的话语，有时毫无意义，像梦一样漫无目的地游荡。在节奏上，这些话语与孩子短而急促的呼吸保持一致。简短而又切分的歌词，节奏与心跳相同。童谣里充满了主教、国王、公主、酒店老板和强盗。它打开了通向未知世界的大门，这些用最美丽的颜色装扮的未知世界，有时很神秘，但往往很残酷。童谣是从小就陪伴我们的魔法配方，需要在最不可能的时刻重复。

童谣怪诞而又富于幻想，它不仅陪伴孩子进入梦乡，而且也是一种极好的教孩子说话的工具，特别是在做着动作说某个词的时候，因为这样就可以将这个词的声音与身体的感觉联系起来。

因此，在表演童谣时，有必要夸张渲染：面部表情、动作、与孩子的身体接触，以及我们的语调，这些都是将新词铭刻在他脑海中的极其重要的工具。

美丽的眼睛

这是小家伙的第一首童谣：让孩子骑坐在膝盖上，并让他跳上跳下，每个间歇都加入一句童谣并触摸童谣提及的身体部位。

这是美丽的眼睛，（触摸一只眼睛）

这是它的兄弟。（触摸另一只眼睛）

这是小脸蛋儿，（触摸一侧脸颊）

这是它的妹妹。（触摸另一侧脸颊）

这是小教堂，（触摸嘴唇）

这些是小座椅。（触摸牙齿）

这是钟楼，（触摸鼻子）

还有发出“叮咚”响声的钟。（拉动鼻子）

不知道谁会玩得更开心：是探索自己杰作每一寸身体的父母呢，还是感受到父母拥抱和疼爱的宝宝呢？

手指

人们可能会认为每个手指的名字太难说了。但没有人知道，为什么“无名指（anulare）”或“大拇指（pollice）”要比我们每天都会毫不犹豫地使用的“冰箱（frigorifero）”或“电视机（televisore）”

这样的单词更难发音。

为了让手指的名字记起来更有趣、更容易，我们要带着手势和面部表情来唱这些童谣。

大拇指说：“真饿呀！”
食指拿来了萨拉米香肠，
但是中指和无名指
不想切香肠。
小拇指，飞快地，飞快地，
带着香肠逃走了。

大拇指爷爷，你在干嘛？
我在找小宝宝！
小宝宝不是我，
我是食指，你知道的。
大拇指爷爷，你在干嘛？
我在找小宝宝！
小宝宝不是我，
我是中指，你知道的。
大拇指爷爷，你在干嘛？
我在找小宝宝！
小宝宝不是我，
我是无名指，你知道的。
大拇指爷爷，你在干嘛？

我在找小宝宝！
我就是小宝宝，
我是小拇指，你知道的。

小小的小拇指，
这样来玩耍，
爬上善良的
无名指背。
无名指
慢慢地，慢慢地
带着小拇指，
挪到了中指背。
中指很强壮，
但是有点懒，
它跳上
可怜的食指背。
狡猾的大拇指，
迅速逃跑了，
机灵的食指，
想要追上它。
它背着三个兄弟，
现在还在追。

所以，手呀，

就一直奔跑着，奔跑着。

如何促进孩子的语言发展

不管怎样，所有孩子迟早都学会说话。那么人们为什么对促进孩子语言发展如此上心呢？原因很简单，学者们解释说：只有通过说话，孩子才能学会思考，才能向世界发号施令。

当我们在国外时，我们会有迷失方向的感觉，让我们试着思考一下为什么我们会有这样的感觉：主要是因为我们不懂当地的语言。不懂语言，我们就又变成了小孩子——软弱无能的、思维混乱的、需要依靠的和感到不适的小孩子。教孩子正确说话，教孩子掌握许多单词，教孩子表达自己的思想和感受，会有助于我们的孩子掌控其周围的实际情况。而且效果还不止如此。

“教孩子掌握语言，还可以获得另一种效果。”鲁文·费尔斯坦强调说，“如果能够使用语言，孩子就不会觉得自己被迫通过大喊大叫、哭泣或做父母定义为‘任性’的那些事情来表达要求。语言就变成了孩子表达要求最合适和最有效的手段，这样任何其他手段都变得过时、无效、不合适。”

陪孩子发现语言

孩子因为碰巧反复听到我们说某些词语，所以就可以这样学会说话了。因此，如果我们有意识地设定目标以丰富孩子的词汇，不仅可以加速他的学习，而且还可以使他的学习更加明确。

孩子认识一个词，需经过以下三个阶段：

1. 首先，听到有人说这个词时，认出这个词。

2. 然后，看到对应物体时，说出这个词。

3. 最后，这个词对应的物体没有出现时，自主回忆起这个词。

下面介绍一下我们如何帮助孩子一步一步完成上述任务。

· 我们将词与事物联系起来。当孩子还不能说话，或者刚开始学说话时，我们要用手指着物体，并在不同场合反复清楚地说出这个物体对应的词。

孩子能够自主回忆起某个词也很重要，当他指着某个物体看向我们时，我们就要把它的名字说出来。

然后，游戏可以变得越来越复杂：我们可以用手指着某个物体，然后让孩子来说出它的名字。

此外，我们也可以向孩子提出这样的问题："椅子在哪里？""盘子在哪里？杯子在哪里？"这样就可以使答案变得越来越难，越来越不明显。

· 我们给孩子一些备选项。要教孩子一个新词而又不让他感到困难，我们应为他提供一个备选项。我们一只手拿苹果，另一只手拿香蕉，我们就可以问他："你想要苹果还是香蕉呢？"

通过这种方式，孩子就不会有挫败感，因为我们给了他学习新词的机会。此外，由于他必须在两个或三个备选项中做出选择，因此他不得不尽力把新词说出来。

最后，他会坚定决心地去学习新词，因为这样他才能获得他想要的东西。

·当我们向孩子展示某个物体时，我们也要向他演示它的功能，还要将其与某次经历联系起来。比如说，我们手里拿着剪刀和一张纸，我们要让孩子看到它们，然后反复地说“for–bi–ce（剪刀）”这个词。“这是一把‘for–bi–ce（剪刀）’，它是用来剪纸的，我们就是这样打开奶奶送的礼物并找到糖果的。”让孩子回想起糖果的甜味，这样就把这个新词与一次愉快的经历联系起来了，进而帮助他记住这个新词。

“让孩子说话”的实用建议

·我们要尽可能多地跟孩子说话，即使他还不能表达自己的意思，他也会开始明白我们说的话。

·我们要避免长篇独白，我们要让孩子有机会回答我们，即使他的话只是细小的叫喊声。

·我们要说简单的话，但不是小孩儿俚语：孩子听得懂的话比他会说的多得多。

·我们要让我们说出的句子既生动又夸张，这样孩子从语调和手势就能明白我们的话。

·如果孩子说错了某个词，我们要把它准确地说出来，但不要强迫孩子重复它：我们会激怒他，并且不会得到任何结果。

·我们每天都要花一点时间与孩子玩耍和交谈，这是激励孩子沟通的最佳方式。

· 我们要把词放入孩子熟悉的语境中。在未经思考的情况下，我们会经常对孩子说一串跟他任何经历都不相干的词，事实上，如果我们提到某个物体的名字，而该物体不在现场，那么这个词对应的并不是孩子眼睛看到的某个物体，而是那个只能在他脑海中想象的物体。

我们会问孩子："你想去公园或超市吗？"但从未问过自己"公园"和"超市"这两个词是否会点燃他记忆的火花。

那么我们试着帮帮他："你想去可以看到其他孩子的公园呢，还是想去我们买牛奶、饼干和奶酪的超市？"通过这种方式，我们让他回想起一些承载了情感的经历，例如做过的游戏和买过的食物，这些经历是他可以牢牢抓住的，这样我们就把"公园"和"超市"这两个词放入了他熟悉的语境中。

孩子可能还会混淆"公园"和"超市"这两个概念，只有通过使用才能把它们分得越来越清楚。为了验证这一点，下一次碰到这样的情况，我们要让他再做选择，但不要再给任何解释。如果他毫不犹豫地做出了正确回应，那么他就在抽象思维方面取得了进步。

· 我们不仅要给事物命名，还要给日常活动命名。

我的孩子什么都明白：他听到钥匙在锁眼中转动的声音，就开始喊："爸爸，爸爸……"

我给他穿上外套，他就知道我要带他去小花园。

（卢多维卡）

为什么不利用他的这种直觉，帮助他从具体词过渡到抽象词呢？我们不必做出很大的努力。当爸爸转动锁眼中的钥匙时，我们可以说：“爸爸终于到了！他到了，我们就可以吃饭了！”

“到达”“用餐”以及“疼痛”都不是难以发音的词，也不是难以理解的概念，因此应由我们利用这些概念帮助我们的孩子跳出具体情况（例如：“爸爸进门了”）走向抽象概念（爸爸的“到来”）。

0~1 岁时的语言发展

年龄	语言能力
0~3 个月	· 哭泣并能发出喉音。 · 发出某些元音：o、a、e…… · 对他说话时，微笑。
4~6 个月	· 发出某些辅音：d、b、l、m…… · 转身面对说话人。 · 在第 6 个月末，发出更为复杂的辅音：f、v、n、s、c、……
7~9 个月	· 说出两个音节的词：ma、pa、ba、mu…… · 改变语调发音节。 · 叫他名字时，转身。
10~12 个月	· 叫妈妈和爸爸。 · 模仿声音：汽车（翁—翁）、猫（喵—喵）……

第九章

害怕被遗弃

如何离开而又不让孩子怀疑我们对他的爱

大约 6 个月大时，孩子发现了令他害怕的事：我们轻声细语地哄他入睡了，但当他半夜醒来时，却发现我们消失了。

他害怕地发现有人代替了我们：祖母、不认识的保姆……或者没有人。

心理学家乔瓦尼·马尔卡赞（Giovanni Marcazzan）解释说："出生后 6 个月到 1 岁之间，孩子开始表现出入睡困难。在那之前，他觉得妈妈是自己身体的一部分，似乎还没有注意到妈妈的短暂离开。但是在出生后第 6 个月左右，事情发生了变化：孩子开始意识到，妈妈和爸爸是不同于他的个体，与他们分开可能会导致危险。所以，当他没有看到自己的父母，无法想象他们在哪里时，他就会担心他们再也不回来了。"

因为这样的担心，孩子不相信陌生人，并且一旦没看到我们就会突然哭泣，还会在晚上坚持不睡觉，一直坚持到他不能坚持为止，因为孩子想掌控情况，这样做熟悉的人才不会永远消失。

对于我们成年人来说，这只是暂时的分离，因为我们有记忆和预测未来的能力，但因为他是孩子的缘故，这样的分离却变成了一个悲剧。

分离焦虑

我们以一个 6~7 个月大的孩子为对象来做一个小实验吧。当孩子伸手要拿我们架在鼻子上的眼镜时，我们把它取下来放在口袋里或枕头下，不用担心让他看见，因为，他不会去寻找眼镜：他会继续盯着我们的鼻子，盯着他刚刚看到它的地方，然后他就会对这件事失去兴趣。孩子不寻找眼镜，是因为他还无法想象：当他没有看到眼镜时，它还存在。

同样地，当亲人像变魔术一样从他的视线中消失时，他也不会认为亲人还存在。但与眼镜不同，亲人对于孩子的生存和平静是必不可少的，这就是他绝望的原因。

这种既可能在白天又可能在晚上出现的担心被称为“分离焦虑”。它是侵袭孩子的一种巨大痛苦，出现在孩子不得不与他所爱的人或物分开时，例如：妈妈、爸爸、兄弟和他的玩具。

只要电话铃或厨房里的“计时器”响起，妈妈、爸爸和奶奶就会突然消失不见。突然间，谁都不在了，就像变戏法一样。于是，孩子就开始抽泣和流泪了。

面对这种意想不到的要求关注，我们喜欢用下面的问题来责问自己：我们忽略了他吗？我们和他待的时间还不够多吗？

完全不是因为这些问题。所有心理学家一致认为，分离焦虑是孩子发育必须的、必然发生的一个阶段：它出现在孩子出生6个月后，并在1岁前的几个月达到最高峰。

只有在更晚些时候，即1岁半到2岁之间，孩子才会开始发展所谓的“物体认知表征”。

这时如果我们出去了，我们在孩子脑海中的形象，以及他对我们的记忆会继续安慰他。他知道我们会回来，并且确信我们会继续存在，即使从肉体角度而言我们没有在他身边。

一种会传染的焦虑

然而，即使我们知道孩子出现分离焦虑是绝对正常的情况，也无法阻止它传染：我们想尽办法让孩子安心下来，但往往不会成功，这时孩子的分离焦虑就会传给我们。

无论多么痛苦，我们都必须支持这一过程。如果我们试图通过不离开孩子来减轻他的担心，那么他就不会有机会了解这一事实：父母离开之后，还会回来，他们没有永远消失。如果一直待在他身边，我们就会给他传递这样一条信息：没有我们，他什么也做不到。

“有必要从孩子出生后的头几个月开始，让他逐渐习惯分离。”心理治疗师阿娜莉亚·塞顿（Analia Setton）说，“第一次只分开几个小时，接着是一整个下午，然后是一整天，最后让他和他熟悉的人一起睡一两个晚上。”

“咕咕”游戏：为什么孩子这么喜欢玩?

爸爸藏起来，孩子去找他，因为他认为爸爸不见了。当他找到爸爸时，他就立即扑在爸爸身上，高兴得大喊大叫。在这种情况下，笑具有释放和治疗效果，它消除了每个孩子与生俱来的担心被遗弃的痛苦。这种痛苦将一直伴随他，直到他成功地宣布自己不依赖父母了。这解释了为什么孩子会不厌其烦地重复这种游戏。

“咕咕”可能是世界上最古老的游戏，但也是永不会让孩子失去热情的游戏。它永葆成功的秘诀是什么呢?

当爸爸、妈妈或其他某个家庭成员突然消失在窗帘后面、房门后或报纸后面时，孩子会一直感到不自在，他会去寻找那个突然从他生活中消失的人。鉴于他有限的经历，他会真的担心那个人永远消失了。这时，那个人突然从藏身处出来，喊道：“咕咕！”“噩梦”结束了，他如释重负地大笑起来。

从孩子出生后的头几个月开始，“咕咕”游戏就是一个非常棒的练习，它可以向孩子传达这样的概念，即从他视野中消失并不意味着永远消失。

这样，孩子就开启了一条将带领他取得巨大成就的路径：学会“物体恒存”这一概念，从而懂得即使人或物从他的视线中消失，也会继续存在。即使没有被看到，妈妈也在那里。

为了得出这个很难也不可预测的结论，孩子所走的路径与科学家为获得科学发现所采用的路径相同。

· 观察消失的妈妈，然后问自己：妈妈会在哪里？

· 然后做出猜测：妈妈消失了吗？或者，妈妈还会再出现吗？

· 最后，是对他心理安全最为重要的一部分：通过数十次反复实验来验证妈妈总是会回来的。

为了让孩子获得安全感，这个游戏必须无休止地重复下去，至少要一直持续到这些人变成他内心的存在，即他所爱的人。

构建“内在妈妈”：如何促进这一过程

为了安下心来，孩子必须逐渐相信我们会无条件地爱他，并且我们不会因任何理由离开他。

著名儿科专家罗伯托·阿尔巴尼（Roberto Albani）说：“只有在孩子达到这种信任时，才能在自己的心里勾画出所谓的‘内在妈妈’，它是一种心理形象，会源源不断涌出让孩子安心的力量。”

构建“内在妈妈”这一过程需要时间。为了促使孩子与他所爱的人分开，我们需要帮助他在自己心里构建心理学家所称的“好的幻觉”，即当我们不在他身边时，陪伴他的将是亲切的影像、小仪式或愉快的回忆。那么让我们看看如何促进这一过程。

我们每次都要与孩子告别

孩子正在玩耍，他专心致志地摆放搭建筑物的积木，他很安静。我们得赶紧走了，要不然约会就要迟到了。毕竟，孩子已经适应环境了……我们悄悄地溜了，没有让他看见。放好最后一块积木后，不可避免地，孩子转过身来，寻找我们。坐在茶几旁的妈妈消失了，不见了！她在哪里呢？他觉得喘不上气，巨大的痛苦压倒了他，让他不由得大哭起来，没有人能安抚他。

心理学家和教育学家一致认为，最好是“先”哭，即孩子在我们跟他告别时哭，而不是“后”哭，即孩子在我们消失后他感到自己被遗弃时哭，他会觉得自己被欺骗了，并会感到极其孤独。

对于这个问题，甚至精神分析之父西格蒙德·弗洛伊德也很感兴趣，他解释说：“为了不想看到孩子生气，我们回避了这一情形，而把分离带来的所有负担都留给了他。”

布雷泽尔顿说：“分离是结构性的，是孩子心理健康所必需的。如果成年人消失了，而孩子尚不能明白发生这种情况的原因及时间，就会使孩子好不容易掌握的自我和他人恒存这一概念陷入危机。”

事实上，如果妈妈和爸爸可能随时消失，而孩子甚至还不能明白发生了什么事情，那么对于孩子来说，唯一能够保证父母存在的方式就是一直粘着他们。

因此，从孩子出生后头几个月起，每当我们不得不离开他时，例如去购物、去上班、去睡觉，甚至只是去厨房里拿一杯水，我们都要让他放心了才能离开。我们知道我们 5 分钟后会回来，但他不知道，他只知道我们离开了。这就是为什么有必要对他说话，有必要告诉他我们什么时候回来，有必要让他参与告别，如果我们离开的时间比平常长。尽管他还不能说话，但他从我们的语调就会明白，没有任何东西会对他构成威胁。

我们要接受他的哭泣

在长达数月的怀孕期，及紧接着的母乳喂养期，虽然与孩子全面不间断共生，但在此之后，到了我们该离开他去抓紧处理订单或恢复工作的时候了。

面对孩子的哭泣，饱受内疚感折磨的我们，有可能被卷入让人疲惫而又持久的告别仪式，或者我们会毫无道理地感到烦躁，进而将他的不适视为对我们的谴责。

孔子在其作品《论语》中写道："分离若拔根，根深则不死。"有了这种信念，就更容易接受孩子的抗议和哭泣：抗议和哭泣表明他深深地爱着我们。

如果我们责备他并表现出不耐烦，他就会不想让我们离开，他会觉得我们想摆脱他，所以会尽一切努力确保我们不离开他。

如果告别时孩子表示抗议而我们能体谅他，这将有助于我们向他传达出一种平静的感觉。如果我们生气、烦躁或粗暴，孩子就会感受到一种山雨欲来的气氛，这样他就会怀疑我们之所以采取这么粗鲁的方式不是因为着急或疲惫，而是因为我们要拒绝他，在这种情况下，他的焦虑将会成百倍增加。

因此，当孩子哭着面对分离时，他的哭泣应该总是被接受，得给他机会让他表达自己的痛苦、愤怒和焦虑。尽管很难做到，但最好让他自由地哭泣，而不要否定、贬低、忽略他的感受，或试图让他分心，也不要为阻止他发泄而说类似的话：“不要哭”“你现在长大了”“如果你哭，我要生气了”……

这并不意味着我们就置之不理了：有必要让他感觉到我们在他身边支持他。同样地，当我们因为要跟心爱的人分开而感到悲伤时，我们希望别人也为我们那样做。

我们要让他感觉到我们在他的身边，我们理解他的难处：“你悲伤，是因为我要走了……其实，离开你，我也会感到很遗憾……”如果我们用话语表达孩子的感受，并给他的不适命名，那么我们就可以让他看到自己的不安外化后的样子。

通常，这就足以让孩子安下心来，也足以让他感觉到自己被包容了。

我们创建一些仪式

创建仪式可以给予孩子安全感。如果要让孩子在我们离开时习惯于进行仪式，就要在分离之前预先让他学会一系列让自己放心并带给自己快乐的习惯。

例如，在外出之前，爸爸会问他自己的公文包在哪里，其实公文包一直都放在客厅的单人沙发上；妈妈会亲吻他的每只眼睛，还会在他的小胳膊上“轻轻掐一下”……

孩子喜欢仪式，他会标记仪式的时间，他会高兴地记住标记好的时间，他会提前做好准备翘首以待，他会确保仪式进行。

那么，我们就把告别变成一个孩子期待并渴望的仪式吧。它可以是“咕咕”游戏、朗诵童谣、听音乐，或者让孩子翻筋斗的特别拥抱。在我们离开之前，我们还要跟孩子约好归来仪式。

我们要给孩子留下一个信物

为了让孩子对我们的归来放心，我们要借给他某个属于我们的东西，这样它就会在我们不在的时候陪伴他。

我们要让他承诺，当我们回来的时候，他会把它还给我们。“我把钥匙扣留给你。你可以想玩多久就多久，但记得在我回来的时候把它还给我。”

我们要给孩子一些熟悉的时间参考点

我们不要跟孩子说“我七点钟回来”，而要说“我会在你吃米糊的时候回来”“当太阳公公睡觉的时候回来”“在你洗完澡后回来”。

为了让孩子更容易理解事情的顺序，我们可以抓住他的手，跟他这样讲当天的安排：“第一根手指是告别之吻，第二根是吃早餐，接着是玩游戏，然后是逛小花园，之后是吃米糊、洗澡澡、要抱抱……”一直数到第十根手指，归来之吻。

我们要跟他告别，还要让他明白离开并不是为了摆脱他，而是我们日常生活的一部分。我们要多抱抱他，并告诉他我们去哪里，什么时候回来，以及不得不离开他让我们觉得有多么抱歉。

在离开之前，我们要给孩子一点儿时间

怀抱孩子的我们已准备好出发了。保姆或奶奶一到，我们就将孩子托付给了她，然后离开了。这时，孩子突然拼命大哭起来。虽然我们要赶时间，我们得处理很多工作，但我们不能让孩子处于那个状态！我们气喘吁吁地赶回来，外套都没有脱就试图让他平静下来，但这没用。大家都围着他一个人转，他要求我们脱下外套和他一起玩。

出现这样的情形，是因为分离过于仓促，没有做好准备。我们的心思全都放在那众多工作上了，把自己完全交给孩子的时间甚至连几分钟也挤不出。但是为了抢这几分钟，我们有可能会失去整个上午。

在这种情况下，我们要停下来，我们要试着忘记赶时间和焦虑，我们要做出决定，即使我们迟到，也要留出时间全心全意地关心孩子，哪怕只是几分钟。最后，我们当然会用同样的借口对他说“今天下雨了，不能带你出去玩了”，我们还要对他说非常抱歉，但我们必须出门了。如果我们的行为没有显露出赶时间或着急要走，那真的只需几分钟时间就能让他平静下来。

如果我们不得不和他一起出去，并且由于时间极为紧张，我们不得不迅速做好一切，那我们就要让他为即将发生的事情做好准备。

提前知道他要去哪儿以及他要做什么会让他安心。

从我们出大门的那一刻开始，我们就要跟他说之后会发生的所有事情，要让他知道到达目的地后我们不能和他待在一起，要提前给他所有的爱抚，要准确地跟他描述我们要做什么：我们没有时间脱下他的外套，我们只能亲他一下，但我们会掏出一块有我们香味的手绢放在他的口袋里，在白天剩下的时间里给他做个伴……

仪式结束后，我们要毫不犹豫地离开

撕得越干脆，疼痛就越少。这种说法适用于橡皮膏药，但也适用于告别。“再待一分钟，再亲一下，抓住我的手……”这些都是增加分离痛苦的做法。

超出合理期限，延长告别仪式并不能避免孩子哭泣，相反，它通常会加剧哭泣，并且会让孩子相信我们对自己正在做的事情立场并不是很坚定，而且鉴于我们一直在找借口拖延，实际上我们可能会放弃离开。

孩子在告别时成功上演的情景剧比任何撕心裂肺的演出都要感人，在这种情况下，有必要缩短告别时间。在给孩子满满的爱抚之后，我们要温柔地对他说：“你知道的，我不想离开你，但你也知道我必须出门。”

然后我们就离开，不再作任何商议或也不要感到内疚。我们的态度要既温柔又坚决，跟我们从他手里夺下他想拿着玩儿的火柴时一样，并要让他知道我们这样做是为了他好。

毫无问题的分离

·1至6个月大时，我们要将孩子托付给我们喜欢并信任的人。即使孩子非常小，他也会感觉到我们的坚定。

·6至8个月大时，我们要把他留给他认识的人。

新人的加入应该逐步进行。头几次，三个人一起待一会儿，让孩子有机会熟悉新人。

见过几次面后，我们要逐渐开始让他们俩单独待几分钟，然后我们再回去见孩子。

大约一个星期后，我们要让他们独处几小时。

·8至12个月大时，我们要给他留下某个我们的东西：有我们香味的手绢、钥匙扣、录有妈妈和爸爸声音的磁带。这些都是让孩子习惯感知远处亲人存在的小策略。

·孩子出生12个月后，我们要创立一些小仪式，让其成为帮助孩子在白天明确自己该做什么的固定时间节点。分别前互相亲吻三下或再次见面时抱着孩子像飞机一样飞，诸如此类的仪式对孩子和妈妈来说都是一种极好的消除分离焦虑的办法。

让孩子和妈妈安心

就目前为止所述的内容而言，在管理分离时决定成败的要素是我们的态度：我们的选择越从容与坚定，我们就越能传递出平静和安全，从而就使分离与远离变得越不困难。

相反，如果我们让犹豫和不适感吞没了自己，那我们的不安就会传递给孩子。当然，说说是容易的。但是，在吞没孩子之前就已经将我们吞没的遗弃焦虑，我们要如何摆脱呢？

思考伟大的儿科专家马切洛·贝纳迪（Marcello Bernardi）的话可能会有些帮助，他曾经说过："我们总会发现有人指责工作的妈妈，说她们学男人样来嘲弄男人，抛弃孩子，毁掉孩子，违背自然规律，忽略家庭。不要听这些人说的话，母亲形象的存在对于孩子的个性构成是不可或缺的，但这种存在并不需要是连续不间断的。

"但是，为了孩子心理、情感和智力的平衡发展，必须有机会让孩子与其他人建立关系。他们会给孩子提供一系列刺激，从而丰富孩子的世界，这是一个人，甚至妈妈，也没法做到的。"

再次见面的那一刻

我们有在婚礼上，在通过考试时或在很长时间后再次见到亲人时哭泣过吗？因为强烈的情感而哭泣，绝对是极其正常的事情，即使这种情感既不是令人痛苦的，也不是令人不愉快的。

然而，我们几乎不会认为孩子有可能因高兴而哭泣：因为再次见到了一天不在身边的妈妈，或者因为遇到了奶奶而哭泣。

其实，这个时候他不是因为难过而哭，而是因为感动而哭。这样的事情会发生在我们身上，没有理由不会发生在几个月大的孩子身上。

离家一天后，我们要用一种富有感染力的快乐来呈现我们再次见到孩子时的喜悦之情，不要回想起那困难的分离。通常，为了获得这个快乐迎接奖，孩子会相信，我们偶尔离开他，终究算不上是一件悲惨的事情。

参考书目

[1]M.L. Aucher *Chansons pour l'enfant à naître* (CD), Neuchatel, 1986.

[2]T. Bergmann, A. Freud *Children in the Hospital*, International Universities Press, New York, 1975.

[3]J. Bowlby *Una base sicura*, Raffaello Cortina, Milano 1989.

[4]D.G. Campbell *Effetto Mozart*, Baldini e Castoldi, Milano, 2002.

[5]D.G. Campbell *Introduction to the Musical Brain*, MMB Music Inc.,St. Louis, Missouri, 1983.

[6]A.L. Dombro *The Creative Curriculum for Infants and Toddlers*, Taching Strategies, Inc., Washington, 1997.

[7]M. M. Goulding, R.L.*Goulding, The power is in the patient*, TA Press,San Francisco, 1978.

[8]V.A. Hunzinker, R.G. *Barr Increased Carrying Reduces Infant Crying: A Randomized Controlled Trial*, in 'Pediatrics', 77:5, 641—648,1986.

[9]N. Laniado *Come insegnare l'intelligenza ai vostri bambini*. Red Edizioni, Milano, 2002.

[10]N. Laniado *Come stimolare giorno per giorno l'intelligenza dei vostri bambini*, Red Edizioni, Milano, 2003.

[11]J.C. Martinez *Allô, parents?, in Le langage des bébés, savon-nous l'entendre*?,a cura di Marie-Claire Busnel, Jacques Grancher Éditeur, Parigi,1993.

[12]C. Paganotti et al. *La musica e l'evento nascita*, in 'Brescia Musica', n.49, 1995.

[13]R. Rossini *Il massaggio del neonato*, Atti del Convegno Dentro e fuori la pancia della mamma, Bologna, 1989.

[14]P. Scilligo et al. *Il questionario ESPERO per rilevare le ingiunzioni e le controingiunzioni*, in 'Psicologia, Psicoterapia e Salute', 5, 1999.

[15]A.J. Solter *Tears and Tantrums*, Shining Star Press, Goleta, CA, 1998.

[16]D. Winnicott *Sviluppo affettivo e ambiente,* Armando, Roma, 1970.